THE ART OF VEDIC CHANTING

A handbook for students and teachers

by

Howard Crosthwaite

THIRD EDITION

Order this book online at www.trafford.com
or email orders@trafford.com

Most Trafford titles are also available at major online book retailers.

Print information available on the last page.

ISBN: 978-1-4251-1268-4 (sc)

Trafford rev. 08/17/2018

Trafford PUBLISHING www.trafford.com
North America & international
toll-free: 1 888 232 4444 (USA & Canada)
fax: 812 355 4082

DEDICATION

To my wife, Pat,

who, in 1990, took me to my first Chant week-end and thus introduced me to another love in my life.

PREFACE TO REVISED EDITION

Thank you to all those colleagues who have helped me discover a number of typological errors in the first edition – especially in the Chant Texts, and particularly to Margo Romberg for proof-reading this edition and correcting numerous mistakes. As you can well imagine, typing out the chants with notations is quite a long and arduous task and I can never guarantee 100% accuracy. I shall always be grateful to anyone pointing out my mistakes.

After comments from my students I have replaced the chant level guidelines with one comprehensive chant list and Margo has produced an index for the whole book. I have also split up the Chant Translations/Significance appendix so that each translation sits alongside the relevant chant.

I have also added two new chants – rājasūya mantraḥ (oṃ brahmān), and medhā mantraḥ.

Howard Crosthwaite

September, 2007

CONTENTS

Acknowledgements	
Chapter One	Sound
Chapter Two	The Veda
Chapter Three	Chanting
Chapter Four	The Rules – Rule One: Varna
Chapter Five	Visarga and Anusvāra
Chapter Six	Rule Two – Svara
Chapter Seven	The other four rules: Mātrā Balam Sāma Santāna
Chapter Eight	Other Guidance
Chapter Nine	Making a start
Chapter Ten	Conclusion
Appendix I	Glossary
Appendix II	List of Chants
Appendix III	Texts of the Chants with Translation/Significance
Index	

ACKNOWLEDGEMENTS

There are a number of people without whose help and support this manual would not have been completed.

First I must thank my wife Pat for putting up with a husband who seemed to have formed an unnatural attachment to his computer for several months and for urging me both to commence and to complete the task.

Thanks are due to Paul Harvey for inviting me to join Vedavalli, and for over a number of years introducing me to new chants, thus broadening my experience and kindling and rekindling my interest.

Chris Preist succeeded Paul as Director of Vedavalli and had the unenviable task of being the first to read the first draft of this publication and to offer constructive and helpful comments and amendments, all of which have been incorporated in these pages.

There is one person to whom I am eternally grateful for firing me with enthusiasm for Vedic Chant. I first met Radha Sundararajan in Chennai in 2000. There was a group of AYS students studying at the Krishnamacharya Yoga Mandiram and each evening we had a Vedic Chanting session with Radha in the newly established Vedavani. Her enthusiasm for chant and her insistence on absolute accuracy was passed on to us all and I determined then to come back to Chennai to sit at her feet and receive individual tuition. In 2004 I spent two weeks under her personal guidance and this must be the most instructive part of my life with Vedic Chant. Radha is now the Director of Vedavani and I had the privilege of studying again with her in 2005 and 2007. Following my graduation with the Krishnamacharya Healing and Yoga Foundation, she has become my mentor.

Finally, I must thank my students who are a continual source of inspiration to me. It is said that a teacher is nothing without his students. If I can but pass on to them the enthusiasm which I have received from others, then I feel that I have succeeded in some small way in passing on that cultural heritage that is Vedic Chant.

Howard Crosthwaite

www.yogadon.co.uk

CHAPTER ONE

SOUND

After taking its first inhalation as it emerges from its mother's womb, the first thing a baby does is to make a sound – it yells. So making a sound is the most natural thing in the world to do and yet, when we think first about the subject of sound, we tend to associate it with something we hear rather than something we make; we associate it with the ear rather than the mouth.

This book attempts to show the importance of sound in our lives – how listening to it affects our emotions, our moods and our actual thinking process, and how making it – especially when using the ancient language of Sanskrit – can not only do similar things but can also have clear therapeutic benefits. Making sound, chanting Sanskrit, can become a daily practice which will enhance our lives, bringing about both physical and mental harmony.

Most of the sounds we hear are spoken sounds. Speech is something very precious to us and we can readily sympathise with anyone who, through for instance a stroke, has lost that power.

The effects of the spoken sound can be widespread. What do we hear? A whisper perhaps which can be a loving sound – a "sweet nothing" or a secretive aside. A yell perhaps which is to warn us about danger or the result of someone being angry with us. We can hear applause or boos at our performance, be it on a stage or in a sporting event.

These different spoken sounds can have vastly differing effects on us – making us feel romantic and loved, feeling good at being let into a secret, making us jump back from danger, making us cower in fear. Applause can uplift us; boos depress us.

Music is something most people enjoy listening to. We usually play it for a reason and we choose particular music to meet the need of the moment. Playing the same music to different people will not necessarily have the same effect on each person.

At a seminar to introduce sound as a practice I chose a selection of music and sounds for the group to listen to and note the effects at that particular time.

My first choice was Elgar's "Pomp and Circumstance" – commonly known as "Land of Hope and Glory". The response was unexpectedly mixed. The class felt both a sense of pride and a sense of loss. It reminded people of war films and warfare. It brought memories of watching the Last Night of the Proms and singing at school. It was felt to be stimulating and rousing. "It made thc hairs on the back of my neck stand up." It also made people feel happy.

The second piece of music was a completely contrasting Elgar score – the "March Nimrod" from the Enigma Variations. The feelings brought out by this music were differing in the extreme. Some felt uplifted, some felt sadness and loss and wept a little. Some felt calmness, some felt disturbed. There were memories of Remembrance Day (this music is always played by the military band at the annual Service of Remembrance at the Cenotaph) and also moonlight upon water. Perhaps surprisingly some saw an image of sunrise and new life.

I then played Elton John's "Candle in the Wind" – the revised version which he sang at Princess Diana's funeral a few weeks before the seminar. The comments invoked by this music ranged from energy-giving, depressing and poignant to "How dare you play that and make me feel like this?" The effects of this music were completely dominated by its association with the funeral and so it was the *saṃskāra* (association) that brought about the feelings, not the music itself.

I then played a tape entitled "Mind Body Tempo" by Janalea Hoffman. This music was especially composed to help induce a calm and relaxed state. It is metered at 60 beats a minute which corresponds to a relaxed heartbeat and has been said to lower blood pressure. The effects of this music were even more interesting than the previous recordings. The group recorded calmness, lightness and emptiness, but some felt it was very disjointed and were waiting for it to go somewhere and felt that it was somehow holding back and taking one away from reality. Some were reminded of water and some felt it was Japanese. I was particularly interested in this outcome because, even though as a former heart patient I have a close relationship with my heartbeat (or perhaps for this very reason?), I find this music extremely irritating and disorientating.

We then moved on to some sacred music in the form of Gregorian Chant sung by the choir of the Benedictine Monastery of Santo Domingo de Silos. The results of this were more or less as expected–spiritually uplifting, devotional but not emotional. Some felt a sense of history while some regarded it as being "masculine". But there was also a memory of a cold cathedral–another *saṃskāra.*

At this point it was appropriate to talk about the purpose of Gregorian chant. In the Middle Ages only the monks were educated enough to read and write. People who came to church could not read the missal–they just had to listen. The chants of the monks–in Latin–were intended to bring the congregation nearer to God, to bring them into harmony with God and to give them a glimpse of heaven. The fact that no-one listening could understand the Latin was immaterial. It was the sound that brought about devotion and worship, not the language. This is an important point upon which I shall elaborate later.

Again as a contrast, I played a selection from the tape of Kodo drums which evoked feelings of energy and physical strength. It was regarded as compelling music with a purpose and very earthy. It is the vibrations from the beating of the drum skins which bring about the effects and this is a point to bear in mind when we come to look at the language of Sanskrit.

Finally this was followed by a period of silence. This was felt to be internalising and focusing. Life came to a standstill or life passed by. There was one student who preferred the silence to all that had gone before.

A few years ago I attended a "pop" concert for the first time in my life. I was reminded very much of the effects of sound upon different people. It was in a packed stadium of perhaps some three thousand people, mostly young fans of the singer, Natalie Imbruglia. The experience was one of a very professionally-managed effect. The singer entered to a cacophony of sound accompanied by laser lights and a background of video shots. The audience roared their welcome. The accent throughout was on the drum beat and the sheer volume of sound. Whether Natalie could actually sing or not seemed irrelevant; she had enough charisma to carry the audience before her and they loved it. It seemed to me that vibrating sound (especially the heavy drum beat), played loudly enough could produce an overwhelming feeling of enjoyment – even hysteria.

The effects of all these various forms of sound illustrate a number of facts.

- Similar sounds can evoke different feelings in different people – making them sad or happy, uplifted or depressed, pleased or angry, calm or irritated.

- It is quite often the memories (*saṃskāra*) associated with the sound which evoke the feelings rather than the sound itself.

- The sound can bring about physical effects–crying, hairs on the back of the neck standing up, perhaps lowering the heartbeat, perhaps lowering the blood pressure or even hysteria.

- It is not the spoken understood word; it can be an unknown language, a concert orchestra or merely a drum beat that can evoke these things.

- Silence can have just as much effect as other sounds.

It would be a very unusual football supporter who went to see his team play and sat with his hands in his pockets and his mouth closed throughout the game. It would be very unusual for an orchestral fan to go to a classical concert and not applaud. It would be very unusual for a Christian worshipper to go to church and not join in singing the hymns.

The football supporter needs to shout and clap and wave his arms in order to express his emotions whether they be joy or anger. The concert-goer is moved by what he hears to express joy and appreciation by applauding or shouting "encore". The church-goer needs no longer to listen to the sound of literate monks, but can join in the singing and express his own wonder of God and the universe in singing God's praises.

So we can use sounds to express emotions – to let out our inner feelings.

But we do not need to be in a crowd to do this. We can make sounds when we are alone. We can shout with frustration at ourselves. We can cry in pain. We can curse in anger. We can pray aloud. In these cases we make a sound in order to bring about something within ourselves.

A good example is the professional weight-lifter who will raise his adrenaline levels by shouting loudly before he attempts a lift.

The Sanskrit word "Mantra" which we come to think of as "chanting" has two interesting meanings – that which helps you cross over suffering/obstacles – or that which protects the person who recites it. So "Mantra" is a means of protecting one's thoughts from distractions, a means of concentrating the mind in one direction – *cittavṛttinirodaḥ (Yoga Sutra I.2).* The making of sound can awaken the dormant centres of the brain; it can change the cells of the body (raising adrenaline levels); it can charge the atmosphere in a room (the pop concert).

I recall visiting the Jag Mandir – an island on Lake Pichola at Udaipur in Rajasthan on which is a temple-like building with a dome. We had to climb a spiral staircase to a small room within the dome. Those ahead of us had whistled in the room and listened to the echo round the dome. Waiting until everyone else had gone, I chanted the sound OṂ. The effect in this small room was quite mind-blowing. The sound went on and on long after I had finished as if years of history were being recalled and repeated.

It follows then that we can make sounds which will affect our emotional state. We can make sounds which will excite, stimulate and energise us. We can make sounds which will calm and pacify us. We can make sounds which will uplift us almost bodily to the ceiling and sounds which will bring about a meditative state of inner peace. We can also produce sounds which, over time, can affect the very atmosphere of our environment.

All of which brings us to the use of the sacred language of Sanskrit.

Many people will be conversant with the opening verses of St John's Gospel–"In the beginning was the Word and the Word was with God and the Word was God". Not many will be conversant with a Vedic text written in Sanskrit a thousand years before Christ – "In the beginning was *prajāpati*–the Brahman, with whom was the Word and the Word was the supreme Brahman."

If you take "Word" to mean "Sound" then both these quotations imply that there is a universal sound which will bring people to the supreme being (whether it be Brahma or Christ or whatever). It refers to the *praṇava*–the primal sound (*Yoga Sutra I.27*) or "OṂ". I am always reminded here of the words of Jesus when asked if he was the Son of God. He replied in Hebrew "I am" and the priests rent their clothes at hearing the *praṇava*.

CHAPTER TWO

THE VEDA

Sanskrit is the language of the ancient texts of India known as the Veda. The word Veda means "knowledge" and the Veda are a group of literary works evolved over a long period of history and transmitted by word of mouth, from teacher to student, long before being written. They are regarded as the foundation of Hindu scripture.

Some two thousand years before the birth of Christ, the Indus Valley in Northwest India was inhabited by a sophisticated civilisation of agrarian people. Excavations have found remnants of well-planned cities with complicated waterways and sewage systems. Archaeological finds have shown these people to have a distinct religious life including meditation and yoga. Then, between 1900 and 1600 BC, possibly because of flooding, the Indus Valley civilisation declined and in about 1500 BC the region was invaded by the Aryans, a nomadic race from the steppes of Russia. Other Aryan groups settled in Iran and even Ireland but those in Northern India gradually spread south into most of the sub-continent.

These Aryans spoke Sanskrit. They did not write books but they had a rich oral tradition – mostly sacred poetry. This poetry was committed to memory, safeguarded by the priests. By 800 BC this collection of poetry had been gathered together into the four most important Veda. This compilation is attributed to the great sage Vyāsa.

It is necessary to view the stories from Indian mythology to seek a less historical view of the origins of the Veda. In his work *Śrimad Bhāgavatam*, Vyāsa presents his personal idea of the Veda's origin.

> "In the beginning when the four-headed Brahma was focusing his mind on the Lord Narayana, from whose navel he had arisen, a subtle sound (*nāda*) emanated from his heart (*hṛdaya*). This sound that came out of his heart consisted of three syllables (A, U and Ṃ) which merged and became the holy *praṇava* (OṂ). From this *praṇava* arose the alphabet of the Sanskrit language and subsequently the four Vedas emerged from the four heads of Brahma. Brahma then taught these Veda to his sons, great sages who passed them on to their sons, who in turn continued this through their lineage."

The Veda are comprised largely of hymns to different deities. These verses were chanted as an accompaniment to ritual.

The *Ṛg Veda* is considered the oldest and most important and is a collection of hymns, praising the Lord. The *Sāma Veda* is also a collection of hymns arranged for liturgical purposes and contains nearly all the *Ṛg Veda*. The *Yajur Veda* is probably the most well known. Again it is a series of hymns, but here they deal with the conduct of rituals (yajna). The *Atharva Veda* is thought to be the last compiled of the four and contains rituals and mantras for domestic use, such as rites of protection, good fortune or medicinal purposes.

The texts of the Vedas are presented to us in a number of different styles. The best known are the *saṃhitā, brāhmaṇa, āranyaka* and *upaniṣad*.

The s*aṃhitā* section contains all the mantras commonly used in rituals and special occasions. They tend to be long passages presented in a metrical formulaic format.

The *brāhmaṇa* section gives explanations of the *saṃhitā* section and the benefits of using them.

The *āranyaka* presents texts from the forest, while the *upaniṣads* are texts defining spiritual truths.

The Indian version of the origin of the Sanskrit language in which the Veda are written is explained in a verse found in the Ś*abda Kaustubha,* a commentary on Sanskrit grammar. "At the end of the great dance, the king of dance, at the request of great sages like Sanaka, beat his *damaru* (drum) fourteen times. These are known as the Siva sutras."

The story behind this verse begins with a competition between Lord Shiva and his wife, Parvati, to decide who was the better dancer. The result was a victory for Shiva. The great sages who witnessed the competition (like Sanaka) then asked Shiva to produce an alphabet in order for people to communicate with each other. Shiva then beat his *damaru* (a hand drum) fourteen times and the sounds heard became known as the *Shiva* or *Māheśvara Sūtras* and comprise the Sanskrit alphabet.

Sanskrit can perhaps be compared with Latin which, in the West, began as the spoken language of ancient Rome and became the written and spoken language of religion and education.

Sanskrit is still learnt and taught and spoken by scholars in India and, because it is the language of the ancient texts, it is also the language of chanting.

Sanskrit is often described as a language of vibration. The use of it is said to produce vibrational disturbances within the body which can bring about both physical and mental change. Vyaas Houston, founder of the American Sanskrit Institute and a world-renowned exponent of the language, says "By chanting Sanskrit, you can put your whole body and mind into such a state of vibration that you begin to experience yourself as energy rather than a solid physical form, with boundaries and definitions."

One of the most popular advocates of Sanskrit chanting in the West is Muz Murray who now lives in France and annually tours Britain giving seminars. Muz travelled widely in India learning different traditions in the use of Sanskrit. He tells an interesting story to illustrate the vibrational effects of the language.

It involves some young offenders arrested in India for hooliganism who were given the choice of prison or learning Sanskrit. Not surprisingly, they chose to learn Sanskrit and, remarkably, their characters are said to have changed and they soon became law-abiding citizens.

This latter story obviously raises some doubts when one thinks of India's wonderful tradition of mythical story-telling. But I can tell a similar story which I know to be true.

A friend planned to attend a Muz Murray week-end a few years ago but as the week-end approached he developed chronic abdominal pains which the doctor diagnosed as a gall stone problem. He did not feel at all like spending a week-end chanting, but he decided to go, as it would be at least another year before he got the chance to work with Muz again.

The first day he managed to survive in spite of being in great pain and discomfort, but he persevered and joined in all the chanting sessions. By the end of the second day he realised the pain had subsided and by the end of the week-end the pain had gone and it never returned.

This story is made even more poignant when one knows that the friend is as practical a person as one might imagine – he is a nuclear physicist.

Learning the actual Sanskrit script (*Devanāgarī* – the language of the Gods) is not a necessary requirement of learning to chant, but it can be a useful tool. The Romanised form of the alphabet is usually available for us to use in this respect and it is that form that is used throughout this book.

CHAPTER THREE

CHANTING

The oral tradition of Vedic chanting has been declared an intangible heritage of humanity by UNESCO. In a meeting of jury members on 7th November 2003 in Paris, the Director-General of UNESCO declared the chanting of the Vedas an outstanding example of heritage and the form of cultural expression. The proclamation says that in an age of globalisation and modernisation when cultural diversity is under pressure, the preservation of the oral tradition of Vedic chanting, as a unique cultural heritage, has great significance.

The UNESCO declaration will bring international recognition to the excellence of the Vedic chanting tradition which has survived for centuries educating many in the wisdom contained in the Vedas through an extraordinary effort of memorisation and through elaborately worked-out mnemonic methods. The purity and fail-safe technique devised for Vedic chanting in the olden days led to access to one of the ancient literatures of humanity in its entirety.

Initially in India, Vedic chanting was a daily practice in every home and in every family. It later became very much the preserve of the Brahmin caste. Women were not permitted to chant nor was chanting taught to Westerners. Now Vedic chanting is practised by anyone who wishes to learn this wonderful art.

We owe this change in attitudes mainly to the great Vedic scholar, Sri T.Krishnamacharya, who, as Yoga teacher in the palace of the Maharajah of Mysore in the nineteen twenties, acceded to the Maharajah's request to teach a Western woman – the late Indra Devi. Krishnamacharya was originally of orthodox views in the matter of teaching yoga and chanting, but later declared that he could find no reason for not teaching anyone who requested it. He quoted the *Dharma Śāstra* – "in times of crisis anyone, even not a Brahmin, can do Vedic chanting."

As we have seen from the history of the Veda, they are part of a great oral tradition passed down from teacher to student. The underlying formula of this tradition was simply to repeat exactly how the teacher recites. In other words it involved the art of listening (*adhyayanam*). The student sits in front of the teacher, listens and repeats – perhaps several times – until he gets it right. I have sat in front of my teacher on many occasions repeating over and over again the same passage until I triumphantly get it right; only to be told "Now do it again without moving your head"! One is supposed to be quite still when chanting.

So, the first principle is to be able to listen and repeat exactly what one has heard. Of course when practising alone one is usually using a book. This involves a number of lines of communication. The words on the page are first communicated to the eye. What is then seen by the eye is sent as a message to the brain. The brain then sends impulses to the mouth which produces a sound. A straightforward communication system. Or is it? As well as the number of lines of communication, there are just as many opportunities for a breakdown in communication. The eye does not always see what is on the page; it misreads. What the eye sees can be misconstrued by the brain because it has not the knowledge or information required, and it then sends a wrong impulse to the mouth. What comes out of the mouth is often not what the brain told us to produce. In summary, what comes out of the mouth is not always what is on the page in front of us!

Having acquired the ability to listen or to read accurately, we next need to improve our attention. We need to be able to focus on what we are doing without distraction. We need to have patience because we will make mistakes (and more mistakes) which can be frustrating in the extreme. We need to have confidence in projecting our voice, and chanting itself can give us that confidence.

There is one extremely important factor that we have so far not mentioned. Chanting is not a task or a chore, an exercise that has to be done. Chanting is to be enjoyed and to be embarked upon with spirit and enthusiasm.

It is easy to think you are making a fool of yourself. Many, many years ago in my college chapel we had a rota for chanting the versicles at morning Mass and there was one day in the year we all dreaded if our name appeared for that day. Not many people will be conversant with the feast of Blessed Rose of Lima (?) (I can't even remember the date!). But on that day, however masculine and macho you felt you had to stand at the lectern with hands in prayer, trying to look pure and innocent, and chant: "I am the Rose of Sharon and the Lily of the Valley"!!

So, we have decided to embark on this enjoyable and rewarding experience of Vedic chanting. What are the pre-requisites? In order to chant correctly we have to be able to breathe properly (by using the practice of *prāṇāyāma*). In order to breathe properly we have to be able to sit correctly (preferably cross-legged but essentially with a straight spine). In order to sit correctly we have to prepare the body (through *āsana*).

An *āsana* practice devoted to preparing the body for sitting would include postures to flex and strengthen the spine (*uttānāsana, daṇḍāsana, paśchimatānāsana*), open the hips (*baddha koṇāsana, jānuśirṣāsana*), strengthen the arms for holding the book up (*adho mukha śvānāsana* and *ūrdhva mukha śvānāsana*), opening the chest (*vīrabhadrāsana*) and strengthening the abdomen (*utthita parivṛtti trikoṇāsana, jaṭhara parivṛtti*).

A *prāṇāyāma* practice would place emphasis on the exhale with the intention of extending it. Start by working in *ujjāyī* using a 1.0.2.0 ratio and then introduce a *krama* into the exhale e.g. 1.0.1/1.0.

Having then learned something of the background and context of the Vedas, and prepared ourselves for sitting with a straight spine and lengthening our breath, we are ready to learn the basic rules of Vedic chanting.

CHAPTER FOUR

THE RULES OF CHANTING

RULE ONE–VARNA

There are six rules laid down for Vedic chanting. They are set out in the Vedas, in the Taittirīya Upaniṣad Chapter I.2

śīkṣām vyākhyāsyāmaḥ /

varṇaḥ svaraḥ /

mātrā balam /

sāma santānaḥ /

"We will expound pronunciation, letters or sounds (*varṇa*), pitch (*svara*), quantity (*mātrā),* force or stress (*balam*), articulation (*sāma*), combination (*santāna*)".

We shall look at these six rules in turn.

Varṇa represents pronunciation – the letters and sounds of the Sanskrit alphabet. When first accessing the alphabet there are a number of simple rules:

- all letters are pronounced;
- a horizontal line above a vowel lengthens it from one to two *mātrā* e.g. a and ā u and ū, i and ī
- c is always pronounced as ch (as in *church*);
- s alone is an s as in sun. s with an accent above (ś) is pronounced sh as in sure. s with a dot below (ṣ) makes it a sh as in hush.

The Sanskrit alphabet is divided into a series of Vowels, Consonants (unaspirated and aspirated), Semi-vowels, Sibilants and Nasal sounds.

The speech sounds are of primary importance in the structure of the Sanskrit language. The student has really got to make full use of the mouth and the tongue and articulate the sounds. When speaking English, we move the jaw a lot but do not open the mouth very wide. Sanskrit requires us not to use the jaw but to open the mouth wide and articulate with the tongue round six points. These are the six points from which the sound is articulated:

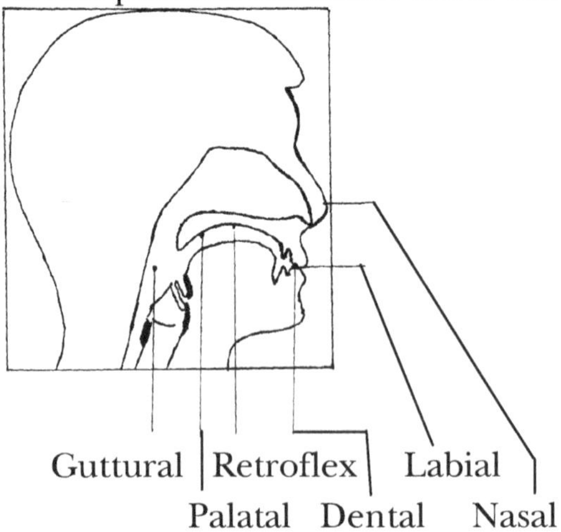

- Guttural – from the throat
- Palatal – the tongue against the back of the palate
- Retroflex – the tongue further forward on the palate
- Dental – the tongue against the back of the front teeth
- Labial – the lips either closed or pursed
- Nasal – through the nasal passages.

Guttural sounds are pronounced from the throat–e.g.

The vowels:	a (as in but)
	ā (as in father)

Unaspirated consonants:

k (as in kin)
g (as in good)

* Aspirated consonants:

kh (as in sinkhole)
gh (as in leghorn)
h (as in hand)

Nasal:	ṅ (as in anchor or anger)

Particular care needs to be taken in the pronunciation of the short letter "a" (especially if you come from the north of England!!) It is not a wide-mouthed "a" (as in bat) but a guttural sound almost like a "u" (as in but).

Palatal sounds are pronounced with the middle of the tongue against the palate, e.g.

The vowels:	i (as in tin)
	ī (as in teeth)

Unaspirated plain consonants:

c (as in church)
j (as in judge)

* Aspirated consonants:

	ch (as in coachhorse)
	jh (as in hedgehog)
Nasal:	ñ (as in hinge)
Semi-vowel:	y (as in yard)
Sibilant:	ś (as in sure)

Retroflex sounds are pronounced with the tip of the tongue turned up and drawn back into the dome of the palate (further forward than in Palatal sounds).

The vowels:	ṛ (as in sabre)
	ṝ (as in green)

Unaspirated consonants:

ṭ (as in cart)
ḍ (as in ardent)

* Aspirated consonants:

ṭh (as in carthorse)

ḍh (as in redhead)

Nasal: ṇ (as in friend)

Semi-vowel: r (as in rib)

Sibilant: ṣ (as in hush)

Dental sounds are pronounced with the tip of the tongue against the upper teeth- e.g.

The vowels: lṛ (as in revelry)

Unaspirated consonants:

t (as in taught)

d (as in den)

* Aspirated consonants:

th(as in lighthearted)

dh (as in buddha)

Nasal: n (as in boon)

Semi-vowel l (as in lip)

Sibilant: s (as in sun)

Labial sounds are pronounced with the lips – e.g.

The vowels: u (as in bull)

ū(as in rule)

Unaspirated consonants:

p (as in pat)

b (as in bee)

*Aspirated consonants:	
	ph (as in uphill)
	bh (as in abhor)
Nasal:	m (as in man)

*** See note on aspirated consonants at the end of this chapter.**

Compound vowels

Further vowels are derived from a combination of the sound “a” with “i” and “u”.

When the sound “a” is made with the tongue in the “i” position (Palatal) this produces the sound “e” (as in eight). “e” is always a long vowel – never short as in “technical”.

When we make the sound “e” and move the tongue further back we produce the sound “ai” as in “aisle”.

When “a” is sounded through the “u” mouth position (Labial), the sound “o” is produced (as in stone). The lips are in the “u” position but the throat is relaxed for sounding the “a”. The Sanskrit “o” comes from further back in the mouth than the English “o” – somewhere between “awe” and “corn”.

The fourth compound vowel is “au” (as in house), when the “a” sound is combined with the “o”.

In summary:

Guttural / Palatal Vowels:
e (as in prey) ai (as in *aisle)*
Guttural / Labial Vowels:
o (as in go) au (as in cow)

Compound semi-vowel

The Sanskrit "v" is a much softer "v" than the English version. When followed by a vowel, the upper teeth lightly touch the lower lip – e.g:

saṃ vadante somena.

When "v" follows a consonant it is pronounced more like a "w" – e.g:

gaṇānāṃ tvā

Dental / Labial Semi-vowel:
va (as in *van* or as in *twist)*

Visarga and Anusvāra

The final two letters in the alphabet are "ḥ" (called the *visarga*) and "ṃ" (called the *anusvāra*). Special rules govern the pronunciation of these letters and we shall look at these in the next chapter.

The alphabet is now set out in tabular form. You will see that the order of the alphabet follows a distinct pattern – Vowels – Guttural Consonants – Palatal Consonants – Retroflex Consonants – Dental Consonants – Labial Consonants – Semi-Vowels – Sibilants. It is helpful to learn this order – especially if you are trying to find a word in a Sanskrit/English dictionary, as the alphabet order is the Sanskrit order, not the English "abcd."

Vowels					
a	ā	i	ī	u	ū
ṛ	ṝ	lṛ	lṝ		
e	ai	o	au		
Consonants					
Guttural	ka	kha	ga	gha	ṅa
Palatal	ca	cha	ja	jha	ña
Retroflex	ṭa	ṭha	ḍa	ḍha	ṇa
Dental	ta	tha	da	dha	na
Labial	pa	pha	ba	bha	ma
Semi-Vowels					
ya	ra	la	va		
Sibilants			**Aspirant**	**Visarga**	**Anusvāra**
ś	ṣ	s	ha	ḥ	ṃ

* NOTE ON ASPIRATED CONSONANTS

These letters cause the most problems with English speakers as aspiration is not a natural linguistic action for us. I find the easiest way to produce the aspiration is to really use the abdomen muscles to produce that *mahā prāṇa* – the forceful breath. The English examples given above are not particularly helpful. They originate from Monier-Williams' *Sanskrit-English Dictionary* (first published in 1899), but he himself admits in the Introduction that they are to a certain extent misleading. He says "It is simply *k* or *p* pronounced as in Ireland with a forceful emission of the breath". !!

CHAPTER FIVE

VISARGA AND ANUSVĀRA

Visarga

Visarga or " ḥ" has special rules of pronunciation. It is always found at the end of a word and its pronunciation is dependant on the vowel that precedes it or the first letter of the word that follows it.

Examples found most commonly in the vedic chanting texts are as follows:

I. Where the pronunciation of the *visarga* at the end of a line is dependant on the preceding vowel:

> *namaḥ* is pronounced *namaha*
> *śāntiḥ* is pronounced śā*ntihi*
> *guruḥ* is pronounced *guruhu*
> *rūpaiḥ* is pronounced *rūpaihi*

II. Where the *visarga* at the end of a word in the middle of a line is followed by a sibilant (*s, ś* or ṣ) it changes to another sibilant, becoming a double sibilant, e.g:

> *oṃ śāntiḥ śāntiḥ śāntiḥ* is recited
> *oṃ śāntiśśāntiśśāntiḥ*

> *ūtibhiḥ sīda* becomes *ūtibhissīda*

III. Where the *visarga* is followed by a "*p*" or "*pha*", instead of the *visarga* being pronounced, the lips are closed and it becomes a double "*p*". E.g:

śatāyuḥ puruṣaḥ is chanted *śatāyup puruṣaḥ*

naḥ pracodayāt is chanted *nap pracodayāt*

IV. Where the *visarga* is followed by a consonant – e.g."*k*"– it changes to the letter following it – e.g:

namaḥ kūpyāya
is chanted
namak kūpyāya

There are a number of other rules relating to the *visarga* but they relate almost entirely to non-vedic texts such as the *Yoga Sutra* and are not within the remit of this manual.

Anusvāra

The pronunciation of the *anusvāra* (or ṃ) is dependent upon the letter which follows it – i.e. whether it is a guttural, palatal, retroflex, dental or labial sounding letter. You will have seen in the above chapter that a nasal letter (ṅ, ñ, ṇ, n, and m) is represented in each of the categories of mouth position. The *anusvāra* changes to this nasal sound when followed by the equivalent consonant. When followed by a vowel or a sibilant, it changes to "*gṃ*".This rule is now set out in tabular form for easy reference.

When the letter following *anusvāra* is:	*anusvāra* is pronounced as:
k kh g gh ṅ	*ṅ*
c ch j jh ñ	*ñ*
ṭ ṭh ḍ ḍh ṇ	*ṇ*
t th d dh n	*n*
p ph b bh m	*m*
a ā i ī u ū ṛ ṝ e ai o	*gṃ*
s ś ṣ h r	*gṃ*

Here are some examples of this rule appearing in the well-known chant *gaṇānāṃ tvā*

gaṇānāṃ tvā is pronounced as *gaṇānān tvā* because the *anusvāra* is followed by a "t".
gaṇapatiṃ havāmahe is pronounced as *gaṇapatigṃ havāmahe* because the *anusvāra* is followed by "h".

kaviṃkavīnām is pronounced *kaviṅkavīnām* because the *anusvāra* is followed by a "k".

There is one other occasion when *anusvāra* changes – this is when it precedes a compound consonant (*samyuktākṣara*).

Examples of *samyuktākṣara* are kṣa sva śra and śvi. When preceding *samyuktākṣara, anusvāra* changes to "gg"* e.g:

priyaṃ śraddhe becomes *priyaggśraddhe.*

Of course there are always exceptions to rules and you may have noticed (?) that there are two letters from the alphabet missing from the above table – "l" and "y".

When *anusvara* is followed by "l" it changes to a nasal "y" sounding rather like an English capital "I" or "ai" in aisle –

rasagghevāyaṃ labdhvā

a phonetic version would read rasag-ghevā- yai–labdhvā.

When *anusvāra* is followed by a "y" it changes to another nasal sounding "y" – e.g. when chanting

tryambakaṃ yajāmahe

it would sound like tryambakai yajāmahe.

* but "g" after a long vowel, c.g.:

jyotīṁṣy ava rundhe becomes *jyotīgṣyavarundhe*

CHAPTER SIX

RULE TWO–SVARA

The second rule is *svara* which represents the chanting notation, or in effect the "tune" – where to go up and where to go down. In Vedic chanting there are only three notes, rather than the seven in a musical scale. The three notes are called the *svarita* (the central note), the *udātta* (one tone higher) and the *anudātta* (one tone lower).

The notation is signified in the following ways.

The *udātta* (the higher note) is shown by a vertical line above the syllable. The *anudātta* (the lower note) is shown by a horizontal line below the syllable. *Svarita* (the central neutral note) is indicated by the absence of these lines.

For example:

so mā̍ so

so is on the central note (*svarita*); *mā* is on the higher note (*udātta*).

mā bhū̲ mā

mā is on the central note (*svarita*); bhu is on the lower note (*anudātta*).

The pitch of the *svarita* should lie in a comfortable vocal range and once it has been selected it must remain constant.

You will find these notation markings throughout your Vedic chant material. Since I first began Vedic chanting, it has never ceased to amaze me that so many different rhythms, moods and experiences emanate from just three notes.

There is a fourth kind of note which you will come across called a *nigādha*. This involves a "slide" up from the *svarita* to the *udātta* on the same syllable, giving **equal length** to each note. This means that where the *nighāda* occurs over a long vowel, the timing is two *mātrā* on the *svarita* and two *mātrā* on the *udātta*. The *nigādha* is signified by two parallel vertical lines above the syllable – e.g.:

oṃ svahā̎

There are three occasions when we are likely to find a *nigādha*:

I. Where a chant line ends with an *udātta* on a long vowel – e.g as in
oṃ svahā̎ || – the last syllable "**hā**" is chanted as a *nigādha*.

II. Where a chant line ends with a nasal sounding *udātta* – e.g
mā mā aham aham || – the last syllable "*m*" is chanted as a *nigādha.*

III. Where an *udātta* is followed by a compound consonant (called a *samyuktākṣara)* – e.g ***"śīkṣām* vyākhyāsyāmaḥ** " – the first "ā" in **vyākhyāsyāmaḥ** is an *udātta* but because it precedes a compound consonant (*khy*) it is chanted as a *nigādha.* – ***"śīkṣām* vyākhyāsyāmaḥ**

A fourth type of note occurs very occasionally and is a tradition rather than a fixed rule. This has no name and no formal notation marks but it is chanted as a "slide" down from the *svarita* to the *anudātta*.. Examples are found in the Opening and Closing Prayers–"**daṃpatī jagatām patī**" (the ī of **daṃpatī** slides from the *svarita* to the *anudātta*) – **mātrāhīnantu yadbhavet** (the *ī* of **mātrāhīnantu** slides from the *svarita* to the *anudātta).*

CHAPTER SEVEN

THE OTHER FOUR RULES

Mātrā

The third rule, *mātrā* relates to the length or duration of each vowel or consonant which facilitates the flow of the chant.

There are four types of *mātrā*, called *hrasvam*, *dīrgham*, *plutam* and *ardha mātrā.*

Hrasvam refers to one unit of *mātrā* and is chanted for a short duration. Examples of *hrasvam* are the short vowels – a, i, u, r – and short consonants – ka, ga, ta. etc.
Dīrgham letters are chanted for two *mātrā* twice as long as the *hrasvam* letters. Examples of *dīrgham* letters are the long vowels – ā*, ī, ū, e, o, ai, au.*

In the case of the "o" in "**oṃ**", this is traditionally always chanted for rather longer than two *mātrā.*

Occasionally the *dīrgham* is actually signified by the figure 2 – e.g.

ahamannādo2 'hamannādo2 'hamannādaḥ

This makes the "o" twice as long as its usual two *mātrā*.

When the duration of the *mātrā* is longer than two – e.g. three or four times – it is known as *plutam*. This is something you may not come across very often but you need to be aware of it. *Plutam* is signified in the text by the figure 3 or 4. Examples are:

    hā3 vu̱ hā3 vu̱ hā3 vu'

The long "a" is held for three *mātrā* instead of the usual two.

    suślo̱kā4 iti̱ su – ślo̱kā4

The long "ā" at the end of **suślokā** is held for four *mātrā* instead of two.

Some consonants are pronounced for *ardha mātrā* or half a unit. Consonants such a k, kh, t, th, occurring at the end of a line would be recited for only half a unit. An example would be:

    diyo̱ yo naḥ' praco̱dayāt"

The "t" at the end of **pracodayāt** would be chanted for half a unit.

You will also come across the use of an apostrophe in vedic chant. An apostrophe replaces a vowel in some cases where a word ending in a vowel is followed by a word starting with the same vowel. For example:

nibhagā'haṃ tvayi mṛje svāhā |

The apostrophe here represents an "a" in what would have read **nibaghā ahaṃ**. It represents one mātrā, so the "ā" of **nibhagā** is held for three mātrā instead of two.

On occasions you will see two apostrophes – eg:

āpo vai parjanyasyā''yatanam |

Here, the apostrophes represent an "ā" in what would have read **parjanyasyā āyatanam**. In theory the two apostrophes represent two mātrā so the final "ā" of **parjanyasyā** would be held for the equivalent of four mātrā. However, in practice, the hold is only equivalent to three mātrā.

Mātrā is also affected by compound consonants – see the section on the rule of Santāna.

Balam

Balam is the rule which refers to the strength or force of a syllable. Syllables can be recited either with *alpa prāṇa* (small energy) or *mahā prāna* (large energy). The following table lists the letters which belong in each category.

Category	Alphabet
alpa prāṇa	*a ā i ī u ū ṛ ṝ e ai o au*
(**not** to be aspirated)	*ka ga ṅa ca ja*
	ṭa ḍa ṇa ta da na pa ba ma
	ya ra la va śa ṣa sa
mahā prāṇa	*kha gha cha jha*
(to be aspirated)	*ṭha ḍha tha dha pha bha ha*

The energy for the aspirated consonants comes essentially from the abdomen area. The necessity of sitting up straight, allowing space for this contraction of the abdomen, is emphasised here. If chanted correctly, a chant like **āyurdhehi**, with repeated repetition of the aspirated *dh* in **dhehi**, can have a profound effect on the abdomen.

As well as applying to individual syllables, the theory of *balam* is also to be applied to whole chants. There are those which require a general application of *mahā prāna* – e.g. **gaṇānāṃ tvā** and **karoti rūpāni** – and there are those which require *alpa prāna* – e.g. **asato mā** and **mā aham**.

Sāma

Sāma means basically "keeping in tune" and making a sound which is pleasant to the ear. This also involves a linking of the notes in order for the chanting to sound continuous.

The note needs to be chanted accurately. This may be relatively easy for those who have a good ear for music. However, moving from the *svarita* (central note) to the *udātta* (higher note) or vice versa and from the *svarita* to the *anudātta (lower note)* is much easier than moving from the *udātta* to the *anudātta* or vice versa. Each note needs to be hit with accuracy and also with a smooth transition from one to the other.

When chanting with a teacher, the student is required to follow the pitch set by the teacher. When chanting alone, the student should find a pitch for the *svarita* that suits his/her own voice. Having started on that pitch, it is important to keep it throughout the chant. There is a tendency always to go flat which increases with the length of the chant. It is helpful occasionally to use a keyboard or an Indian *śruti* box as an aid to keep a set pitch. Play the note on which you start and check it at the end of the chant. You may be surprised to discover how flat you have become. Sometimes one should raise the *svarita* pitch actually during the chant and there are also some specific occasions where this is expected, for example at the start of the final section of a chapter of an *upaniṣad*. There is also a tradition to raise the pitch during the chanting of a *japa* (continued repetition of a mantra). This action helps relieve monotony and helps to focus the attention.

Santāna

The final rule is *Santāna* – punctuation. There need to be pauses when we take a breath – some lines are very long! The pause needs to be in the right place; otherwise the meaning of a word or phrase can be altered. Sometimes we need to "steal" a breath – a very quick intake unnoticeable to the listener.

There are certain places where a pause is expected:

I. Where a word ends in a vowel, and the next word starts with a vowel – e.g.
pa̱ta̱ ā pa̍te pa̱ta̱ āno̱na̱ āpa̍te pa̱ta̱ āna̍ḥ

There should be a slight "hesitation" between **pata** and **ā**, between **pata** and **ānona** and between **pata** and **ānaḥ**.

II. There is always a slight pause after reciting **Oṃ**. For example when chanting **oṃ śāntiḥ śāntiḥ śāntiḥ** there must be a pause after **oṃ** before chanting **śāntiḥ**.

III. There must always be a pause between one line of chant and the next. This is indicated by a vertical line or double vertical line at the end of the relevant line.

IV. Care should always be taken when pronouncing double consonants. Each consonant is recited for one *mātrā,* making two *mātrā* in all. For example:

prasanna vadanaṃ dhyāyet

The "*n*" and the "*na*" in **prasanna** are each clearly pronounced for one *mātrā.*

paraśśatam – the "ś " and the "*śa* "are each pronounced for one *mātrā..*

V. Similarly, when two different consonants occur together (compound consonants), again each one is entitled to a one *mātrā* length. E.g: the "kt" in

saha nau bhunaktu

The "k" as well as the "tu" is pronounced for one *mātrā* and this creates a slight hesitation between the two.

ityupaniṣat

The "t" as well as the "yu" is pronounced for one *mātrā.*

CHAPTER EIGHT

OTHER GUIDANCE

I. The Samhita Chants

As mentioned in Chapter Two, the s*aṃhitā* section of the Vedas contains all the mantras commonly used in rituals and special occasions. They tend to be long passages presented in a metrical formulaic format. It is time now to look in detail at this format.

The s*aṃhitā* chants are commonly presented in five different forms called *saṃhitā*, *pada*, *krama*, *jaṭā* and *ghana*.

The s*aṃhitā* form is the whole of the chant or mantra.

The p*ada* form breaks the text up into single words.

The *krama* form places the words in pairs.

The *jaṭā* form places the words in a set formulaic order– 122112.

The *ghana* form is a more advanced formula – 1221123321123.

Let us take a very simple chant to illustrate how this formula works – *śiva pañcākṣarī mantraḥ.*

The *saṃhitā* section (the whole chant) reads:

oṃ namaśśivāya ca ||

This comprises just three words **namaḥ** – **śivāya** – **ca**. The **oṃ** is recited before each section.

So, the *pada* section reads:

oṃ |
namaḥ |
śivāya |
ca ||

The *krama* section divides the words into pairs and so reads:

oṃ |

namaśśivāya | (**namaḥ** and **śivāya**)

śivāya ca || (**śivāya** and **ca**)

The *jaṭā* section follows the 122112 formula. First word, second word, second word, first word, first word, second word. When one comes to the next line, the second word of the first line becomes the first word of the new line – and so on. Thus:

oṃ |

1 2 2 1 1 2
namaśśivāya śivāya namo namaśśivāya |

1 2 2 1 1 2
śivāya ca ca śivāya śivāya ca ||

Finally, in the *ghana* section, the formula becomes 1221123321123:

1 2 2 1 1 2 3 3
namaśśivāya śivāya namo namaśśivāya ca ca

2 1 1 2 3
śivāya namo namaśśivāya ca |

1 2 2 1 1 2
śivāya ca ca śivāya śivāya ca ||

The second line in this example is just 122112 because of course there are no more words in the chant to make a 3.

It is important to learn the principles of this formula in order to be facilitate the learning of *Samhita* chants by heart. Once you have the formula in your head you can finger-count to build up the *Krama*, *Jaṭā* and *Ghana* sections. Finger-counting is a quickly learned asset to your chanting expertise – as well as being useful for *prāṇāyāma* practice. The counting is done with the left hand, using the thumb placed on the pads of the fingers. The following illustration explains this.

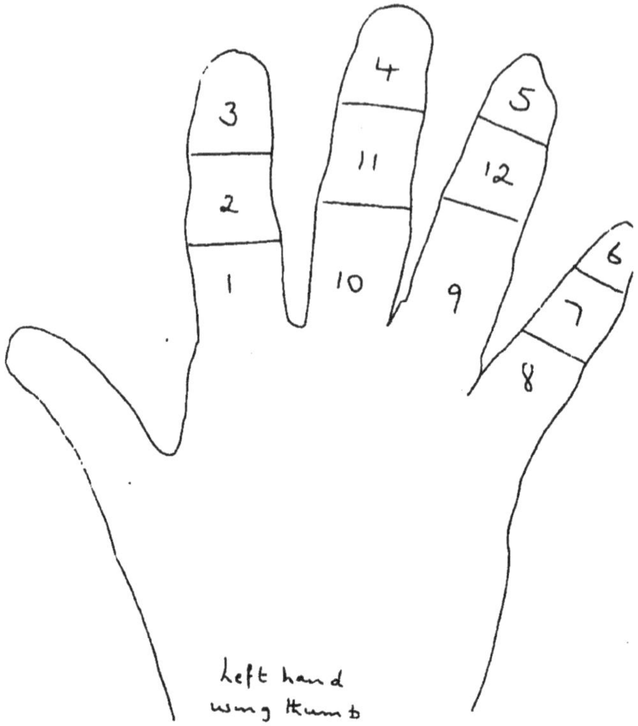

This technique of finger-counting *the krama, jaṭā* and *ghana* sections of the s*aṃhitā* chants takes a lot of practice, but practice **does** make perfect. To begin with, you feel something has to give – either you get the counting correct and the pronunciation goes to pieces or vice versa. Eventually it all fits into place and you will discover that it is the only reliable way to learn chants by heart, dispensing with the book.

II. *gāyatrī metre*

There is one other metric formula that it is useful to be aware of – the *gāyatrī* metre. This is a metre of eight syllables in a line. It derives from the original *gāyatrī* mantra

1 2 3 4 5 67 8
tatsaviturvarenyam |

1 2 3 4 5 6 7 8
bhargo devasya dhīmahi |

1 2 3 4 5 6 7 8
dhiyo yo naḥ pracodayāt ||

Other chants following this formula are:

śuklām
praṇo devī
oṣadhayaḥ
tryambakam
agnir me
asato mā
āyātu varadā
vanamālī
āyurdhehi
yadakṣara

III. The pace of chanting

As with the pitch, it is the teacher who sets the pace for chanting; it must not be too slow or too fast. Reference needs to be made to the type of chant that is being recited. A *bṛmhaṇa* (opening and strengthening) type chant like ***karoti rūpāṇi***, for example, would be chanted at a faster pace than a *laṇghana* (closing and reducing) type chant like ***asato mā.***

It is also the tradition to chant the *ghana* form of a *saṃhitā* chant at a faster pace than the *saṃhitā, pada* and *krama* forms; the emphasis in the *ghana* being on *svara* (notation) rather than *varna* (pronunciation).

For learning purposes, precision and accuracy in *varna* and *svara* is more important than speed. Speed will come later with practice.

CHAPTER NINE

MAKING A START

Having learned the prerequisites and become acquainted with the rules, we are now in a position to start chanting. Of course we need a teacher. Chanting Groups can be found in various parts of the country, but essentially you need to have some individual tuition in order to attain you full potential, achieve accuracy and gradually increase your chanting repertoire.

The advice which follows is a little help along the path – the essential tuition will come from your teacher.

We start by making simple long vowel sounds – ā – ī – ū – e – ai – o – au – and move on to the sacred sound of OṂ.

We can start introducing the pitch sequence

so mā̍ so

mā bhu̲ mā

to ensure the accuracy of our pitch in *svarita*, *udātta* and *anudātta*.

We may then use the *hrām* sequence as a means of warming up, exercising the lungs and lengthening the breath.

oṃ hrām
oṃ hrīm
oṃ hrūm
oṃ hraim
oṃ hraum
oṃ hra̍ḥ

ensuring that the "h" is properly aspirated and making good use of the mouth, tongue and lips, savouring the retroflex "r" and the nasal labial "m". We also begin to experience the effects of a chant which though apparently quite simple has a powerful effect on the energy centre.

From there we can advance to a simple *japa*. *japa* means recitation and is described in the *Yoga-Yājñavalkya* as "the repetition of mantras in accordance with the rules." We usually take it to mean repetition of a set phrase or mantra on which to concentrate the mind and lead to contemplation/meditation.

Examples to use for beginners are:

oṃ srī mahā gaṇapataye̱ nama̍ḥ

oṃ dharmāya̱ nama̍ḥ

It is then time to move on to the more familiar vedic hymns such as

gaṇānāṃ tvā
oṣaḍhayaḥ
gāyatrī

Beginning with the *krama* and, with practice moving on to the *jaṭā* and *ghana*. At the same time, learning how the hymn is built up from the *saṃhitā* to the *ghanam* as set out in Chapter Eight.

Eventually, and this may take some time, it is time to move on to the chanting of the vedic texts – the *Upaniṣat* and perhaps in the future, the *Gītā*.

CHAPTER TEN

CONCLUSION

Having set out on the path to practising Vedic Chant, there is no final destination. As in Yoga, there is no end to the learning process.

At the beginning it is important just to make sounds. As one progresses there is a need to ensure the correct pitching of *svarita, udātta* and *anudātta*. Having mastered that, the concentration must be placed on the pronunciation and only constant practice will lead to improvement in this aspect.

There are many people who will shy away at the thought of chanting the Vedas and, it has to be said, there are those who will never bring themselves (for whatever reason) to make use of this tool.

But for many, once experienced, the practice is the ultimate tool for changing moods and feelings, for changing weariness into energy, anxiety into calm and even pain into ease. It will allow the mind to become fully focused without distraction. In time it will change one's whole outlook on life.

APPENDIX I

GLOSSARY

anusvāra – where the pronunciation of ṃ changes depending on the letter it precedes.

anudātta – the lower of the three notes (svara)

āsana – yoga postures

balam – the rule relating to the strength or force of syllables

devanāgarī – "the language of the Gods" , the Sanskrit script

dīrgham – two units of mātrā

hrasvam – one unit of mātrā

hṛdaya – heart

japa – recitation

mātrā – the length or duration of syllables

nāda – sound

nigādha – sliding from the svarita to the udātta

plutam – longer than two units of mātrā

praṇava – the primal sound–om

prāṇāyāma – breath control

sāma – the rule relating to continuity of sound

saṃskāra – experiences to which the mind is attached

santāna – the rule relating to punctuation

samyuktākṣara – compound consonants

svara – the three notes forming the basis of vedic chant

svarita – the central note of the svara

udātta – the upper note of the svara

ujjāyī – the breath control often called the "throat breath"

varna – the rule relating to pronunciation

visarga – the different pronunciations of the letter ḥ

APPENDIX II

LIST OF CHANTS

Opening Prayers (prārthanā ślokam) page ... 74

From the taittirīya saṃhitā

sarasvatī prārthanā (oṃ praṇo devī) 78

rājasūya mantraḥ (oṃ brahmān)................ 82

āśīrvāda mantraḥ (oṃ śatamānam) 96

gaṇapati prārthanā (oṃ gaṇānām) 98

gāyatrī mantraḥ (oṃ tatsavitūr vareṇyam) .. 106

medhā mantraḥ (om mayi medhām)......... 112

camakapraśnaḥ (oṃ agnāviṣṇū)............. .. 120

śrīrudrapraśnaḥ (oṃ namaste rudra)........ 128

candranamaskṛtya mantraḥ (oṃ oṣadhayaḥ) 142

śiva mantrāḥ (oṃ namastārāya).............. .. 146

mṛtyuñjaya mahāmantraḥ (oṃ tryambakam) 154

sarvaguṇa sampanna mantraḥ (oṃ karoti rūpāni)
.... 160

From the taittirīya brāhmaṇa

pavamānasūktam
(oṃ pavamānassurvarjanaḥ).................. . 172

śraddhā sūktam (oṃ śraddhayā)................ 178

sūryanamaskāra mantraḥ (oṃ hrām udyannadya)

.... 182

laghunyāsaḥ (agnir me)......................... 185

From the taittirīya āranyaka

mantrapuṣpam(oṃ yopāṃ puṣpaṃ veda)

.... 192

āyurmantraḥ (oṃ āyurdhehi)............. 198

From the bṛhadāranyaka upaniṣat

asato mā sadgamaya 200

From the taittirīya upaniṣat

durgāsūktam (oṃ jātavedase)............ 202

āyātu varadā 206

Miscellaneous

atharvaśiropaniṣat (atha puruṣo) 208

vanamālī 214

Closing Prayers 216

APPENDIX III

TEXTS OF THE CHANTS

with

Translations/Significance

Opening Prayers (prārthanā ślokam)

The first part is an invocation asking for grace to undertake the task ahead, free of obstacles.

The final part is a composition of T.Krishnamacharya, acknowledging his three religious teachers–śrī Kṛṣṇa from whom he received mantra, Vāgīṣa who initiated him in the study of Vedanta and Rangendra through whom he surrendered to God.

Opening Prayers–prārthanā ślokam

śuklāmbaradharam viṣnuṃ
śaśivarnaṃ caturbhujam |
prasanna vadanaṃ dhyāyet
sarva vighnopa ṣāntaye ||

yasyadviradavaktrādyāḥ
pāriśadyāḥ paraśśatam |
vighnaṃ nighnanti satataṃ
viśvaksenaṃ tamāśraye ||

jñānānandamayaṃ devaṃ
nirmala sphaṭikākṛtim |
ādhāraṃ sarvavidyānāṃ
hayagrīvamupāsmahe ||

puṇḍarīkāsanāsīnaṃ
pāṇḍurābhrendusannibham |

akhaṇḍa bodha janakaṃ

hayagrīvamupāsmahe ||

gurubhyastad gurubhyaśca

namo vākamadhīmahe |

vṛṇīmahe ca tad rādyau

dampatī jagatāṃ patī ||

śrī kṛṣṇa vāgīśa yatīśvarābhyāṃ

samprāpta cakrāṅkaṇa bhāṣyasāram |

śṛī nūtnaraṅgendra yatau samarpitasvaṃ

śṛī kṛṣṇamāryaṃ guruvaryamīde |

virodhe kārtike māse śatatārā kṛtodayaṃ

yogācāryaṃ kṛṣṇamāryam

guruvaryamahaṃ bhaje ||

śṛī gurubhyo namaḥ ||

hariḥ om ||

sarasvatī prārthanā (oṃ praṇo devī)

From the *taittirīya saṃhitā* and in its four forms of saṃhitā, krama, jaṭā and ghana.

*May the divine goddess **Sarasvati**, who accepts the sacrificial offering, protect us.*

sarasvatī prārthanā (oṃ praṇo devī)

saṃhitā pāṭhaḥ

oṃ praṇo devī sarasvatī vājebhirvājinīvatī |

dhīnāma vitryavatu ||

krama pāthaḥ

oṃ praṇaḥ |

no devī |

devī sarasvatī |

sarasvatī vājebhiḥ |

vājebhirvājinīvatī |

vājinīvatīti vājinī – vatī |

dhīnāmavitrī |

avitryavatu |

avatvityavatu ||

jaṭā pāṭhaḥ

oṃ praṇo naḥ prapraṇaḥ |

no devī devī nono devī |

devī sarasvatī sarasvatī devī devī sarasvatī |

sarasvatī vājebhirvājebhissarasvatī sarasvatī vājebhiḥ |

vājebhirvājinīvatī vājinīvatī vājebhirvājebhirvājinīvatī |

vājinīvatīti vājini – vatī |

dhīnāmavitryavitrī dhīnāṃ dhīnāmavitrī |

avitryavatvava tvavitryavi tryavatu |

avatvityavatu ||

ghana pāṭhaḥ

oṃ praṇo naḥ prapraṇo devī devī naḥ prapraṇo devī|

no devī devī nono devī sarasvatī sarasvatī devī no no devī sarasvatī |

devī sarasvatī sarasvatī devī devī sarasvatī
vājebhirvājebhissarasvatī devī devī sarasvatī
vājebhiḥ|

sarasvatī vājebhirvājebhissarasvatī sarasvatī
vājebhirvājinīvatī vājinīvatī
vājebhissarasvatī sarasvatī vājebhirvājinīvatī|

vājebhirvājinīvatī vājinīvatī
vājebhirvājebhirvājinīvatī |

vājinīvatīti vājinī – vatī |

dhīnāmavitryavitrī dhīnāṃ dhīnāmavitrya vatva
vatvavitrī dhīnāṃ dhīnāmavitryavatu |

avitryavatvava tvavitryavi tryavatu |

avatvityavatu ||

rājasūya mantraḥ (oṃ brahmān)

Another chant from the *taittirīya saṃhitā*, this chant invokes the blessings of *agni* (fire) and the teacher, *bṛhaspati*. It was customary for this to be chanted to kings by their subjects in appreciation of their greatness and generosity.

rājasūya mantraḥ (oṃ brahmān)

saṃhitā pāṭhaḥ

oṃ bra̱hmā3n tvagṃ rā́jan bra̱hmā́si̱ mi̱tro̍si su̱śevo̱

brahmā3n tvagṃ rā́jan bra̱hmā́si̱ varuṇosi

sa̱tyadha̱rmendra̱sya vajro̱si vārtra̱ghna̱stena̍ me

radhya̱ di̱śo̱bhyayagṃ rājā́'bhū̱t suśḻo̱kā4

su̍maṅga̱lā4 satya̍rā̱jā3n |

a̱pāṃ naptre̱ svāho̱rjo naptre̱ svāhā̱gnaye̍ gr̥hapataye̍

svā̋hā ||

krama pāṭhaḥ

oṃ bra̱hmā3n tvam |

tvagṃ rā́jan |

rā̱jan bra̱hmā |

bra̱hmā́si |

a̱si mitra̍ḥ |

mitro̍si |

a̱si su̱śevaḥ |

su̱śevo̱ brahmā3n |

suśeva iti su – śevaḥ |

brahmā3n tvam |

tvagṃ rājan |

rājan brahmā |

brahmāsi |

asi varuṇaḥ |

varuṇosi |

asi satyadharmā |

satyadharmendrasya |

satyadharmeti satya – dharmā |

indrasya vajraḥ |

vajrosi |

asi vārtraghnaḥ |

vārtraghnas tena |

vārtraghna iti vārtra – ghnaḥ |

tena me |

me radhya |

radhya diśaḥ |

diśo̱bhi |

a̱bhya̍yam |

a̱yagṃ rājā̎ |

rājā̍’bhūt |

a̱bhū̱t suślo̱kā**4** |

suślo̱kā**4** suma̍ṅga̱lā**4** |

suślo̱kā**4** iti̱ su – ślo̱kā**4** |

suma̍ṅga̱lā4 satya̍rā̱jā3n |

suma̍ṅga̱lā4 iti̱ su – ma̱ṅga̱lā**4** |

satya̍rā̱jā3niti̱ satya̍ – rā̱jā3n |

a̱pāṃ naptre̎ |

naptre̱ svāhā̎ |

svāho̱’rjaḥ |

ū̱rjo naptre̎ |

naptre̱ svāhā̎ |

svāhā̱’gnaye̎ |

a̱gnaye̍ gṛ̱hapa̍taye |

gṛ̱hapa̍taye̱ svāhā̎ |

gṛhapataya iti gṛha – pataye |

svāheti – svāhā ||

jaṭā pāṭhaḥ

oṃ brahmā3n tvaṃ tvaṃ brahmā3n brahmā3n tvam |

tvagṃ rājan rājan tvaṃ tvagṃ rājan |

rājan brahmā brahmā rājan rājan brahmā |

brahmāsyasi brahmā brahmāsi |

asi mitro mitrosyasi mitraḥ |

mitrosyasi mitro mitro'si |

asi suśevassuśevo'syasi suśevaḥ |

suśevo brahmā3n brahmā3n suśevassuśevo brahmā3n |

suśeva iti su – śevaḥ |

brahmā3n tvaṃ tvaṃ brahmā3n brahmā3n tvam |

tvagṃ rājan rājan tvaṃ tvagṃ rājan |

rājan brahmā brahmā rājan rājan brahmā |

brahmāsyasi brahmā brahmāsi |

asi varuṇo varuṇo'syasi varuṇaḥ |

varuṇo'syasi varuṇo varuṇo'si |

asi satyadharmā satyadharmāsyasi satyadharmā |

satyadharmendrasyendrasya satyadharmā satyadharmendrasya |

satyadharmeti satya – dharmā |

indrasya vajro vajra indrasyendrasya vajraḥ |

vajro'syasi vajro vajro'si |

asi vārtraghno vārtraghno'syasi vārtraghnaḥ |

vārtraghnas tena tena vārtraghno vārtraghnas tena |

vārtraghna iti vārtra – ghnaḥ |

tena me me tena tena me |

me radhya radhya me me radhya |

radhya diśo diśo radhya radhya diśaḥ |

diśo'bhyabhi diśo diśo'bhi |

abhyayam ayam abhyā3 abhyayam |

ayagṃ rājā rājā'yamayagṃ rājā |

rājā̍’bhūtabhū̱t rājā̱ rājā̍’būt |

a̱bhū̱t suślo̱kā4 suślo̱kā4 a̱bhū̍tabhū̱t suślo̱kā4 |

suślo̱kā4 suma̍ṅga̱lā4 suma̍ṅga̱lā4 suślo̱kā4 suślo̱kā4 suma̍ṅga̱lā4 |

suślo̱kā4 iti̱ su – ślo̱kā4 |

suma̍ṅga̱lā4 satya̍rā̱jā3n satya̍rā̱jā3n suma̍ṅga̱lā4 suma̍ṅga̱lā4 satya̍rā̱jā3n |

suma̍ṅga̱lā4 iti̱ su – ma̱ṅga̱lā4 |

satya̍rā̱jā3n iti̱ satya̍ – rā̱jā3n |

a̱pāṃ naptre̱ naptre̱’pāṃ a̱pāṃ naptre̎ |

naptre̱ svāhā̱ svāhā̱ naptre̱ naptre̱ svāhā̎ |

svāho̱rja ū̱rja svāhā̱ svāho̱rjaḥ |

ū̱rjo naptre̱ naptra̍ ū̱rja ū̱rjo naptre̎ |

naptre̱ svāhā̱ svāhā̱ naptre̱ naptre̱ svāhā̎ |

svāhā̱’gnaye̱’gnaye̱svāhā̱ svāhā̱’gnaye̎ |

a̱gnaye̍ gṛ̱hapa̍taye gṛ̱hapa̍taye̱’gnaye̱’gnaye̍ gṛ̱hapa̍taye |

gṛ̱hapa̍taye̱ svāhā̱ svāhā̍ gṛ̱hapa̍taye gṛ̱hapa̍taye̱

svāhā |

gṛhapataya iti gṛha – pataye |

svāheti – svāhā ||

ghana pāṭhaḥ

oṃ brahmā3n tvaṃ tvaṃ brahmā3n brahmā3n
tvagṃ rājan rājan tvaṃ brahmā3n brahmā3n
tvagṃ rājan |

tvagṃ rājan rājan tvaṃ tvagṃ rājan brahmā brahmā
rājan tvaṃ tvagṃ rājan brahmā |

rājan brahmā brahmā rājan rājan brahmāsyasi
brahmā rājan rājan brahmāsi |

brahmāsyasi brahmā brahmāsi mitro mitro'si
brahmā brahmāsi mitraḥ |

asi mitro mitrosyasi mitrosyasi mitrosyasi mitro'si |

mitro'syasi mitro mitro'si suśevassuśevo'si mitro
mitro'si suśevaḥ |

asi suśevassuśevo'syasi suśevo brahmā3n brahmā3n
suśevo'syasi suśevo brahmā3n |

suśevo̱ brahmā3n brahmā3n su̱śeva̍ssu̱śevo̱
   brahmā3n tvaṃ tvaṃ bra̱hmā3n su̱śeva̍ssu̱śevo̱
      brahmā3n tvaṃ |
su̱śeva̱ iti̍ su – śeva̍ḥ |
bra̱hmā3n tvaṃ tvaṃ bra̱hmā3n bra̱hmā3n tvagṃ
   rā̍ja̱n rāja̱n tvaṃ bra̱hmā3n bra̱hmā3n tvagṃ
      rā̍jan |
tvagṃ rā̍jan rā̍ja̱n tvaṃ tvagṃ rā̍jan bra̱hmā bra̱hmā
   rā̍ja̱n tvaṃ tvagṃ rā̍jan bra̱hmā |
rā̍jan bra̱hmā bra̱hmā rā̍jan rā̍jan bra̱hmā̍syasi
   bra̱hmā rā̍jan rā̍jan bra̱hmā̱si̍ |
bra̱hmā̍syasi bra̱hmā bra̱hmā̱si̍ varu̱ṇo̱ varu̍ṇo'si
   bra̱hmā bra̱hmā̱si̍ varu̍ṇaḥ |
a̱si̱ varu̱ṇo̱ varu̍ṇo'ya̱si̱ varu̍ṇo'sya̱si̱ varu̍ṇo'sya̱si̱
   varu̍ṇo'si |
varu̍ṇo'sya̱si̱ varu̍ṇo̱ varu̍ṇo'si sa̱tyadharmā̍
   satyadharmā'si̱ varu̍ṇo̱ varu̍ṇo'si sa̱tyadharmā̍ |
a̱si̱ sa̱tyadharmā̍ satyadharmāsyasi

satyadharmendrasyendrasya satyadharmāsyasi
satyadharmendrasya |

satyadharmendrasyendrasya satyadharmā
satyadharmendrasya vajro vajra indrasya
satyadharmā satyadharmendrasya vajraḥ |

satyadharmeti satya – dharmā |

indrasya vajro vajra indrasyendrasya vajro'syasi vajra
indrasyendrasya vajro'si |

vajro'syasi vajro vajro'si vārtraghno vārtraghno'si
vajro vajro'si vārtraghnaḥ |

asi vārtraghno vārtraghno'syasi vārtraghnas
tena tena vārtraghno'syasi vārtraghnastena |

vārtraghnas tena tena vārtraghno vārtraghnas tena
me me tena vārtraghno vārtraghnastena me |

vārtraghna iti vārtra – ghnaḥ |

tena me me tena tena me radhya radhya me tena
tena me radhya |

me radhya radhya me me radhya diśo diśo radhya

me me radhya̲ diśa̍ḥ |

ra̲dhya̲ diśo̲ diśo̍ radhya radhya̲ diśo̲’bhya̍bhi diśo̍
radhya radhya̲ diśo̲’bhi |

diśo̲’bhya̍bhi diśo̲ diśo̲’bhya̍yama̲yama̲bhi diśo̲
diśo̲’bhya̍yam |

a̲bhya̍yama̲yam a̲bhyā̍3 a̲bhya̍yagṃ rājā̲ rājā̲’yam
a̲bhyā̍3 a̲bhya̍yagṃ rājā̎ |

a̲yagṃ rājā̲ rājā̲’yama̲yagṃ rājā̍bhūtabhū̲t
rājā̲’yam a̲yagṃ rājā̍’bhūt |

rājā̍’bhūtabhū̲t rājā̲ rājā̍’bū̲t suślo̲kā4 suślo̲kā4
abhū̲t rājā̲ rājā̍’bū̲t suślo̲kā4 |

a̲bhū̲t suślo̲kā4 suślo̲kā4 abhū̍tabhū̲t suślo̲kā4
suma̍ṅga̲lā4 suma̍ṅga̲lā4 suślo̲kā4 a̲bhū̍tabhū̲t
suślo̲kā4 suma̍ṅga̲lā4 |

suślo̲kā4 suma̍ṅga̲lā4 suma̍ṅga̲lā4 suślo̲kā4 suślo̲kā4
suma̍ṅga̲lā4 satya̍rā̲jā3n satya̍rā̲jā3n suma̍ṅga̲lā4
suślo̲kā4 suślo̲kā4 suma̍ṅga̲lā4 satya̍rā̲jā3n |

suślo̲kā4 iti̲ su – ślo̲kā4 |

suma̍ṅga̱lā4 satya̍rā̱jā3n satya̍rā̱jā3n suma̍ṅga̱lā4
suma̍ṅga̱lā4 satya̍rā̱jā3n |

suma̍ṅga̱lā4 iti̱ su – ma̱ṅga̱lā4 |

satya̍rā̱jā3n iti̱ satya̍ – rā̱jā3n |

a̱pāṃ naptre̱ naptre̱’pāṃ a̱pāṃ naptre̱ svāhā̱ svāhā̱
naptre̱’pām a̱pāṃ naptre̱ svāhā̎ |

naptre̱ svāhā̱ svāhā̱ naptre̱ naptre̱ svāho̱rja
ū̱rja svāhā̱ naptre̱ naptre̱ svāho̱rjaḥ |

svāho̱rja ū̱rja svāhā̱ svāho̱rjo naptre̱ naptra̍ ū̱rja
svāhā̱ svāho̱rjo naptre̎ |

ū̱rjo naptre̱ naptra̍ ū̱rja ū̱rjo naptre̱ svāhā̱ svāhā̱
naptra̍ ū̱rja ū̱rjo naptre̱ svāhā̎ |

naptre̱ svāhā̱ svāhā̱ naptre̱ naptre̱
svāhā̱’gnaye̱’gnaye̱ svāhā̱ naptre̱ naptre̱
svāhā̱’gnaye̎ |

svāhā̱’gnaye̱’gnaye̱ svāhā̱ svāhā̱’gnaye̍ gṛ̱hapa̍taye
gṛ̱hapa̍taye̱’gnaye̱ svāhā̱ svāhā̱’gnaye̍ gṛ̱hapa̍taye |

a̱gnaye̍ gṛ̱hapa̍taye gṛ̱hapa̍taye̱’gnaye̱’gnaye̍

gṛhapataye̱ svāhā̱ svāhá

gṛhapataye̱'gnaye̱'gnayé gṛhapátaye̱ svāhā̎ |

gṛhapataye̱ svāhā̱ svāhá gṛhapátaye gṛhapataye̱

svāhā̎ |

gṛhapataya̱ iti gṛha – pa̱taye̱ |

svāheti̱ – svāhā̎ ||

āśīrvāda mantraḥ (oṃ śatamānam)

From the *taittirīya saṃhitā.* A chant asking for the gift of a long life.

āśīrvāda mantraḥ (oṃ śatamānam)

samhitā pāṭhaḥ

oṃ śatamānam bhavatu śatāyuḥ puruṣaśśatendriya

āyuśyevendriye prati tiṣṭhati ||

krama pāṭhaḥ

oṃ śatamānam bhavatu |

śatamānamiti śata – mānam |

bhavatu śatāyuḥ |

śatāyuḥ puruṣaḥ |

śatāyuriti śata – āyuḥ |

puruṣaśśatendriyaḥ |

śatendriya āyuśi |

śatendriyaiti śata – indriyaḥ |

āyuśśyeva |

eva prati |

prati tiṣṭhati

tiṣṭhatīti – tiṣṭhati ||

gaṇapati mantraḥ (oṃ gaṇānām tvā)

Another chant from the *taittirīya saṃhitā*. This is a prayer to Ganapati (Ganesha), the elephant God. He is praised as the remover of obstacles, the destroyer of fatigue, and the highest among kings.

gaṇapati mantraḥ (oṃ gaṇānām tvā)

samhitā pāṭhaḥ

oṃ gaṇānāṃ tvā gaṇapatigṃ havāmahe

kaviṃ kavīnāmupamaśravastamam |

jyeṣṭharājaṃ brahmaṇāṃ brahmaṇaspata

ā naḥ śṛṇvannūtibhissīda sādanam ||

śrī mahāgaṇapataye namaḥ ||

krama pāṭhaḥ

oṃ gaṇānāṃ tvā |

tvā gaṇapatim |

gaṇapatigṃ havāmahe |

gaṇapatimitigaṇa – patim |

havāmahe kavim |

kaviṃ kavīnām |

kavīnām upamaśravastamam |

upamaśravastamamityupamaśravaḥ – tamam |

jyeṣṭharājaṃ brahmaṇām |

jyeṣṭha rājamiti jyeṣṭha – rājam |

brahmaṇāṃ brahmaṇaḥ |

brahmaṇaspate |

pata ā |

ānaḥ |

naśśṛṇvan |

śṛṇvannūtibhiḥ |

ūtibhissīda |

ūtibhirityūti– bhiḥ |

sīda sādanam |

sādanamiti sādanam ||

jaṭā pāṭhaḥ

oṃ gaṇānāṃ tvā tvā gaṇānāṃ gaṇānāṃ tva |

tvā gaṇapatiṃ gaṇapatiṃ tvā tvā gaṇapatim |

gaṇapatigṃ havāmahe havāmahe gaṇapatiṃ

gaṇapatigṃ havāmahe |

gaṇapatimitigaṇa – patim |

havāmahe kaviṃ kavigṃ havāmahe havāmahe

kavim |

kaviṃ kavīnāṃ kavīnāṃ kaviṃ kaviṃ kavīnām |

kavīnāmupamaśravastamamupaṃśravastamaṃ

kavīnāṃ kavīnāmupamaśravastamam |

upamaśravastamamityupamaśravaḥ – tamam |

jyeṣṭharājaṃ brahmaṇāṃ brahmaṇāṃ

jyeṣtharājaṃ jyeṣtharājaṃ brahmaṇām |

jyeṣṭha rājamiti jyeṣṭha – rājam |

brahmaṇāṃ brahmaṇo brahmaṇo brahmaṇāṃ

brahmaṇāṃ brahmaṇaḥ |

brahmaṇaspate pate brahmaṇo brahmaṇaspate |

pata ā pate pata ā |

ānona ānaḥ |

naśśṛṇvan chṛṇvannonaśśṛṇvan |

śṛṇvannūtibhirūtibhiśśṛṇvan chṛṇvannūtibhiḥ |

ūtibhissīda sidotibhirūtibhissīda |

ūtibhirityūti– bhiḥ |

sīdasādanagṃ sādanagṃ sīda sīda sādanam |

sādanamiti sādanam ||

ghana pāṭhaḥ

oṃ gaṇānāṃ tvā tvā gaṇānaṃ gaṇānāṃ tvā
gaṇapatiṃ gaṇapatiṃ tvā gaṇānāṃ gaṇānāṃ
tvā gaṇapatim|

tvā gaṇapatiṃ gaṇapatiṃ tvā tvā gaṇapatigṃ
havāmahe havāmahe gaṇapatiṃ tvā tvā
gaṇapatigṃ havāmahe |

gaṇapatigṃ havāmahe havāmahe gaṇapatiṃ
gaṇapatigṃ havāmahe kaviṃ kavigṃ
havāmahe gaṇapatiṃ gaṇapatigṃ
havāmahe kavim |

gaṇapatimitigaṇa – patim |

havāmahe kaviṃ kavigṃ havāmahe havāmahe

kaviṃ kavīnāṃ kavīnāṃ kavigṃ havāmahe

havāmahe kaviṃ kavīnām |

kaviṃ kavīnāṃ kavīnāṃ kaviṃ kaviṃ

kavīnāmupamaśravastamamupamaśravastamaṃ

kavīnaṃ kaviṃ kaviṃ

kavīnāmupamaśravastamam |

kavīnāmupamaśravastamamupamśravastamaṃ

kavīnāṃ kavīnāmupamaśravastamam |

upamaśravastamamityupamaśravaḥ – tamam |

jyeṣṭharājaṃ brahmaṇām brahmaṇāṃ

jyeṣtharājaṃ jyeṣtharājaṃ brahmaṇām

brahmaṇo brahmaṇo brahmaṇāṃ

jyeṣṭharājaṃ jyeṣṭharājaṃ

brahmaṇāṃ brahmaṇaḥ|

jyeṣṭha rājamiti jyeṣṭha – rājam |

brahmaṇāṃ brahmaṇo brahmaṇo brahmaṇāṃ

brahmaṇām brahmaṇaspatepatebrahmaṇo

brahmaṇāṃ brahmaṇāṃ brahmaṇaspate |

brahmaṇaspate pate brahmaṇo brahmaṇaspata

āpate brahmaṇo brahmaṇaspata ā |

pata ā pate pata ānona āpate pata ānaḥ |

ānona ānaśśṛṇvan chṛṇvanna ānaśśṛṇvan |

naśśṛṇvan chṛṇvannonaśśṛṇvan

nūtibhirūtibhiśśṛṇvannonaśśṛnvannūtibhiḥ |

śṛṇvannūtibhirūtibhiśśṛṇvan

chṛṇvannūtibhissīda

sīdotibhiśśṛṇvan chṛṇvannūtibhissīda |

ūtibhissīda sīdotibhirūtibhissīda sādanagṃ

sādanagṃ sīdotibhirūtibhissīda sādanam |

ūtibhirityūti– bhiḥ |

sīda sādanagṃ sādanagṃ sīda sīda sādanam |

sādanamiti sādanam ||

śrī mahāgaṇapataye namaḥ ||

gāyatrī mantraḥ (oṃ tatsavitūr vareṇyam)

From the *taittirīya saṃhitā*. A chant to the Sun. We pray for the divine light to illumine our minds. One of the best-known and most used chants.

gāyatrī mantraḥ (oṃ tatsavitūr vareṇyam)

samhitā pāṭhaḥ

oṃ |

tatsavituravareṇyaṃ bhargo devasya dhīmahi |

dhiyo yo naḥ pracodayāt ||

pada pāṭhaḥ

oṃ |

tat |

savituḥ |

vareṇyam |

bhargaḥ |

devasya |

dhīmahīti – dhīmahi |

dhiyaḥ |

yaḥ |

naḥ |

pracodayāditipra – codayāt ||

krama pāṭhaḥ

oṃ tat savituḥ |

savitur vareṇyam |

vareṇyam bhargaḥ |

bhargo devasya |

devasya dhīmahi |

dhīmahīti – dhīmahi |

dhiyo yaḥ |

yo naḥ |

naḥ pracodayāt |

pracodayāditipra – codayāt ||

jaṭā pāṭhaḥ

oṃ tatsavitussavitustattatsavituḥ |

savituravareṇyaṃ vareṇyagṃ
savitussaviturvareṇyam |

vareṇyaṃ bhargo bhargo vareṇyaṃ vareṇyaṃ

bhargaḥ |

bhargo devasya devasya bhargo bhargo devasya |

devasya dhīmahi dhīmahi devasya devasya

dhīmahi |

dhīmahīti – dhīmahi |

dhiyo yo yo dhiyo dhiyo yaḥ |

yo no no yo yo naḥ |

naḥ pracodayāt pracodayānno naḥ pracodayāt |

pracodayāditipra – codayāt ||

ghana pāṭhaḥ

oṃ tatsavitussavitustattatsaviturvareṇyaṃ

vareṇyagṃ savitustattatsaviturvareṇyam |

saviturvareṇyaṃ vareṇyagṃ

savitussaviturvareṇyam bhargo bhargo

vareṇyagṃ savitussaviturvareṇyaṃ

bhargaḥ|

vareṇyaṃ bhargo bhargo vareṇyaṃ vareṇyaṃ

bhargo devasya devasya bhargo vareṇyaṃ
vareṇyaṃ bhargo devasya |
bhargo devasya devasya bhargo bhargo devasya
dhīmahi dhīmahi devasya bhargo bhargo
devasya dhīmahi |
devasya dhīmahi dhīmahi devasya devasya
dhīmahi |
dhīmahīti – dhīmahi |
dhiyo yo yo dhiyo dhiyo yo no no yodhiyo dhiyo
yo naḥ |
yo no no yo yonaḥ pracodayatpracodayanno yo
yonaḥ pracodayat |
naḥ pracodayāt pracodayānno naḥ pracodayāt |
pracodayāditipra – codayāt ||

medhā mantraḥ (oṃ mayi medhām)

From the *taittirīya saṃhitā*, this chant invokes the grace of *agni* (fire), *indra* (the Lord of heaven) and *sūrya* (the sun), asking them to grant us intelligence, prosperity, radiance and projeny.

medhā mantraḥ (oṃ mayi medhām)

samhitā pāṭhaḥ

oṃ mayi medhāṃ mayi prajāṃ mayyagnistejo

dadhātu mayi medhāṃ mayi prajāṃ mayīndra

indriyaṃ dadhātu mayi medhāṃ mayi prajāṃ mayi

sūryo bhrājo dadhātu ||

krama pāṭhaḥ

oṃ mayi medhām |

medhāṃ mayi |

mayi prajām |

prajāṃ mayi |

prajāmiti pra – jām |

mayyagniḥ |

agnistejaḥ |

tejo dadhātu |

dadhātu mayi |

mayi medhām |

medhāṃ mayi |

mayi prajām |

prajāṃ mayi |

prajāmiti pra- jām |

mayīndraḥ |

indra indriyam |

indriyaṃ dadhātu |

dadhātu mayi |

mayi medhām |

medhāṃ mayi |

mayi prajām |

prajāṃ mayi |

prajāmiti pra – jām |

mayi sūryaḥ |

sūryo bhrājaḥ |

bhrājo dadhātu |

dadhātviti-dadhātu ||

jaṭā pāṭhaḥ

oṃ mayi medhāṃ medhāṃ mayi mayi medhām |

medhāṃ mayi mayi medhāṃ medhāṃ mayi |

mayi prajāṃ prajāṃ mayi mayi prajām |

prajāṃ mayi mayi prajāṃ prajāṃ mayi |

prajāmiti pra-jām |

mayyagniragnirmayi mayyagniḥ |

agnistejo tejo agniragnistejaḥ |

tejo dadhātu dadhātu tejo tejo dadhātu |

dadhātu mayi mayi dadhātu dadhātu mayi |

mayi medhāṃ medhāṃ mayi mayi medhām |

medhāṃ mayi mayi medhāṃ ṃedhāṃ mayi |

mayi prajāṃ prajāṃ mayi mayi prajām |

prajāṃ mayi mayi prajāṃ prajāṃ mayi |

prajāmiti pra-jām |

mayīndra indra mayi mayīndraḥ |

indra indriyamindriyamindra indra indriyam |

indriyaṃ dadhātu dadhātvindriyamindriyaṃ

dadhātu |

dadhātu mayi mayi dadhātu dadhātu mayi |

mayi medhāṃ medhāṃ mayi mayi medhām |

medhāṃ mayi mayi medhāṃ medhāṃ mayi |

mayi prajāṃ prajāṃ mayi mayi prajām |

prajām mayi mayi prajāṃ prajāṃ mayi |

prajāmiti pra-jām |

mayi sūryo sūryo mayi mayi sūryaḥ |

sūryo bhrājo bhrājo sūryo sūryo bhrājaḥ |

bhrājo dadhātu dadhātu bhrājo bhrājo dadhātu |

dadhātviti-dadhātu ||

ghana pāṭhaḥ

oṃ mayi medhāṃ medhāṃ mayi mayi medhām

mayi mayi medhāṃ mayi mayi medhāṃ mayi |

medhāṃ mayi mayi medhāṃ medhāṃ mayi prajāṃ

prajāṃ mayi medhāṃ medhāṃ mayi prajām |

mayi prajāṃ prajāṃ mayi mayi prajām mayi mayi

prajāṃ mayi mayi prajāṃ mayi |

prajāṃ mayi mayi prajāṃ prajāṃ

mayyagniragnirmayi prajāṃ prajāṃ mayyagniḥ |

prajāmiti pra-jām |

mayyagniragnirmayi mayyagnistejo tejo agnirmayi

mayyagnistejaḥ |

agnistejo tejo agniragnistejo dadhātu dadhātu tejo

agniragnistejo dadhātu |

tejo dadhātu dadhātu tejo tejo dadhātu mayi mayi

dadhātu tejo tejo dadhātu mayi |

dadhātu mayi mayi dadhātu dadhātu mayi medhāṃ

medhāṃ mayi dadhātu dadhātu mayi medhām|

mayi medhāṃ medhāṃ mayi mayi medhām mayi

mayi medhāṃ mayi mayi medhāṃ mayi |

medhāṃ mayi mayi medhāṃ ṃedhāṃ mayi prajāṃ

prajāṃ mayi medhāṃ medhāṃ mayi prajām |

mayi prajāṃ prajāṃ mayi mayi prajām mayi mayi

prajāṃ mayi mayi prajāṃ mayi |

prajāṃ mayi mayi prajāṃ prajāṃ mayīndra indra

mayi prajāṃ prajāṃ mayīndraḥ |

prajāmiti pra-jām |

mayīndra indra mayi mayīndra indriyamindriyamindra mayi mayīndra indriyam |

indra indriyamindriyamindra indra indriyaṃ dadhātu dadhātvindriyamindra indra indriyaṃ dadhātu |

indriyaṃ dadhātu dadhātvindriyamindriyaṃ dadhātu mayi mayi dadhātvindriyamindriyaṃ dadhātu mayi |

dadhātu mayi mayi dadhātu dadhātu mayi medhāṃ medhāṃ mayi dadhātu dadhātu mayi medhām |

mayi medhāṃ medhāṃ mayi mayi medhāṃ mayi mayi medhāṃ mayi mayi medhāṃ mayi |

medhāṃ mayi mayi medhāṃ medhāṃ mayi prajāṃ prajāṃ mayi medhāṃ medhāṃ mayi prajām |

mayi prajāṃ prajāṃ mayi mayi prajām mayi mayi prajāṃ mayi mayi prajāṃ mayi |

prajāṃ mayi mayi prajāṃ prajāṃ mayi sūryo sūryo

mayi prajāṃ prajāṃ mayi sūryaḥ |

prajāmiti pra-jām |

mayi sūryo sūryo mayi mayi sūryo bhrājo bhrājo

sūryo mayi mayi sūryo bhrājaḥ |

sūryo bhrājo bhrājo sūryo sūryo bhrājo dadhātu

dadhātu bhrājo sūryo sūryo bhrājo dadhātu |

bhrājo dadhātu dadhātu bhrājo bhrājo dadhātu |

dadhātviti-dadhātu ||

camakapraśnaḥ (oṃ agnāviṣṇū)

From the *taittirīya saṃhitā*. Let me find peace, feel love and attain prosperity. Let all my needs and wishes be fulfilled.

"*Ca*" means "and" and so this chant is called *camakam* because we are constantly adding to the list of our wishes that need to be fulfilled.

camakapraśnaḥ (oṃ agnāviṣṇū)

oṃ agnāviṣṇū sajoṣasemāvardhantu vāṃ giraḥ |

dyumnairvājebhirāgatam |

vājaśca me prasavaśca me prayatiśca me prasitiśca

me dhītiśca me kratuśca me svaraśca me ślokaśca me

śrāvaśca me śrutiśca me jyotiśca me suvaśca me

prāṇaśca me'pānaḥ |

ca me vyānaśca me'suśca me cittaṃ ca ma ādhītaṃ

ca me vākca me manaśca me cakṣuśca me śrotraṃ

ca me dakṣaśca me balaṃ ca ma ojaśca me sahaśca

ma āyuśca me jarā ca ma ātmā ca me tanūśca me

śarma ca me varma ca me'ṅgāni ca me'sthāni ca me

parūgṃṣi ca me śarīrāṇi ca me ||1||

jyaiṣṭhyaṃ ca ma ādhipatyaṃ ca me manyuśca me

bhāmaśca me'maśca me'mbhaśca me jemā ca me

mahimā ca me varimā ca me prathimā ca me varṣmā

ca me drāghuyā ca me vṛddhaṃ ca me vṛddhiśca me
satyaṃ ca me śraddhā ca me jagacca |
me dhanaṃ ca me vaśaśca me tviṣiśca me krīḍā ca
me modaśca me jātaṃ ca me janiṣyamānaṃ ca me
sūktaṃ ca me sukṛtaṃ ca me vittaṃ ca me vedyaṃ
ca me bhūtaṃ ca me bhaviṣyacca me sugaṃ ca me
supathaṃ ca ma ṛddhaṃ ca ma ṛddhiśca me kḷptaṃ
ca me kḷptiśca me matiśca me sumatiśca me ||2||
śaṃ ca me mayaśca me priyaṃ ca me'nukāmaśca me
kāmaśca me saumanasaśca me bhadraṃ ca me
śreyaśca me vasyaśca me yaśaśca me bhagaśca me
draviṇaṃ ca me yantā ca me dhartā ca me kṣemaśca
me dhṛtiśca me viśvaṃ ca |
me mahaśca me saṃvicca me jñātraṃ ca me sūśca
me prasūśca me sīraṃ ca me layaśca ma ṛtaṃ ca
me'mṛtaṃ ca me'yakṣmaṃ ca me'nāmayacca me
jīvātuśca me dīrghāyutvaṃ ca me'namitraṃ ca

me'bhayaṃ ca me sugaṃ ca me śayanaṃ ca me sūṣā
ca me sudinaṃ ca me ||3||
ūrkca me sūnṛtā ca me payaśca me rasaśca me
ghṛtaṃ ca me madhu ca me sagdhiśca me sapītiśca
me kṛṣiśca me vṛṣṭiśca me jaitraṃ ca ma
audbhidyaṃ ca me rayiśca me rāyaśca me puṣṭaṃ ca
me puṣṭiśca me vibhu ca |
me prabhu ca me bahu ca me bhūyaśca me pūrṇaṃ
ca me pūrṇataraṃ ca me'kṣitiśca me kūyavāśca
me'nnaṃ ca me'kṣucca me vrīhayaśca me yavāśca
me māṣāśca me tilāśca me mudgāśca me khalvāśca
me godhūmāśca me masurāśca me priyaṃgavaśca
me'ṇavaśca me śyāmākāśca me nīvārāśca me ||4||
aśmā ca me mṛttikā ca me girayaśca me parvatāśca
me sikatāśca me vanaspatayaśca me hiraṇyaṃ ca
me'yaśca me sīsaṃ ca me trapuśca me śyāmaṃ ca
me lohaṃ ca me'gniśca ma āpaśca me vīrudhaśca
ma oṣadhayaśca me kṛṣṭapacyaṃ ca |

me'kṛṣṭapacyaṃ ca me grāmyāśca me paśava
āraṇyāśca yajñena kalpantāṃ vittaṃ ca me vittiśca
me bhūtaṃ ca me bhūtiśca me vasu ca me vasatiśca
me karma ca me śaktiśca me'rthaśca ma emaśca ma
itiśca me gatiśca me ||5||

agniśca ma indraśca me somaśca ma indraśca me
savitā ca ma indraśca me sarasvatī ca ma indraśca
me pūṣā ca ma indraśca me bṛhaspatiśca ma
indraśca me mitraśca ma indraśca me varuṇaśca ma
indraśca me tvaṣṭā ca|
ma indraśca me dhātā ca ma indraśca me viṣṇuśca
ma indraśca me'śvinau ca ma indraśca me
marutaśca ma indraśca me viśve ca me devā indraśca
me pṛthivī ca ma indraśca me'ntarikṣaṃ ca ma
indraśca me dyauśca ma indraśca me diśaśca ma
indraśca me mūrdhā ca ma indraśca me prajāpatiśca
ma indraśca me ||6||

agṃśuśca me raśmiśca me'dābhyaśca me'dhipatiśca
ma upāgṃśuśca me'ntaryāmaśca ma aindravāyavaśca
me maitrāvaruṇaśca ma āśvinaśca me
pratiprasthānaśca me śukraśca me manthī ca ma
āgrayaṇaśca me vaiśvadevaśca me dhruvaśca me
vaiśvānaraśca ma ṛtugrahāśca |
me'tigrāhyāśca ma aindrāgnaśca me vaiśvadevaśca
me marutvatīyāśca me māhendraśca ma ādityaśca
me sāvitraśca me sārasvataśca me pauṣṇaśca me
pātnīvataśca me hāriyojanaśca me ||7||
idhmaśca me barhiśca me vediśca me dhiṣṇiyāśca
me srucaśca me camasāśca me grāvāṇaśca me
svaravaśca ma uparavāśca me'dhiṣavane ca me
droṇakalaśaśca me vāyavyāni ca me pūtabhṛcca ma
ādhavanīyaśca ma āgnīdhraṃ ca me havirdhānaṃ
ca me gṛhāśca me sadaśca me puroḍāśāśca me
pacatāśca me'vabhṛthaśca me svagākāraśca me ||8||

agniśca me gharmaśca me'rkaśca me sūryaśca me
prāṇaśca me'śvamedhaśca me pṛthivī ca me'ditiśca
me ditiśca me dyauśca me śakvarīraṅgulayo diśaśca
me yajñena kalpantāmṛkca me sāma ca me stomaśca
me yajuśca me dīkṣā ca me tapaśca ma ṛtuśca me
vratam ca me'horātrayorvṛṣṭyā bṛhadrathantare ca
me yajñena kalpetām ||9||

garbhāśca me vatsāśca me tryaviśca me tryavīca me
dityavāṭ ca me dityauhī ca me pañcāviśca me pañcāvī
ca me trivatsaśca me trivatsā ca me turyavāṭ ca me
turyauhī ca me paṣṭhavāt ca me paṣṭhauhī ca ma
ukṣā ca me vaśā ca ma ṛṣabhaśca |

me vehacca me'naḍvāñca me dhenuśca ma
āyuryajñena kalpatāṃ prāṇo yajñena
kalpatāmapāno yajñena kalpatāṃ vyāno yajñena
kalpatāṃ cakṣuryajñena kalpatāggśrotraṃ yajñena
kalpatāṃ mano yajñena kalpatāṃ vāgyajñena

kalpatāmātmā yajñena kalpatāṃ yajño yajñena
kalpatāṃ ||10||

ekā ca me tisraśca me pañca ca me sapta ca me nava
ca ma ekādaśa ca me trayodaśa ca me pañcadaśa ca
me saptadaśa ca me navadaśa ca ma ekavigṃśatiśca
me trayovigṃśatiśca me pañcavigṃśatiśca me
saptavigṃśatiśca me navavigṃśatiśca ma
ekatrigṃśacca me trayastrigṃśacca |
me catasraśca me'ṣṭau ca me dvādaśa ca me ṣoḍaśa
ca me vigṃśatiśca me caturvigṃśatiśca
me'ṣṭāvigṃśatiśca me dvātrigṃśacca me
ṣaṭtrigṃśacca me catvārigṃśacca me
catuścatvārigṃśacca me'ṣṭācatvārigṃśacca me
vājaśca prasavaścāpijaśca kratuśca suvaśca mūrdhā
ca vyaśniyaścāntyāyanaścāntyaśca bhauvanaśca
bhuvanaścādhipatiśca ||11||

śrīrudrapraśnaḥ (oṃ namaste rudra)

Siva, Lord with a thousand eyes and matted hair, blue neck and peaceful form, protect us from all the hindrances in the world with the weapons in his arms. Let them be directed against hostile forces.
Lord of all worlds, who abides in good and bad, in the mighty and in the minute, in the king and in the cobbler, in Mt.Kailash and in each atom of dust, I bow to the countless forms of Rudra.

Rudram is one of the most frequently chanted passages of the Veda. One needs Rudra's blessings in order to master vedic chant.

śrīrudrapraśnaḥ (oṃ namaste rudra)

oṃ namaste rudra manyava utota iṣave namaḥ |

namaste astu dhanvane bāhubhyāmuta te namaḥ |

yā ta iṣuḥ śivatamā śivaṃ babhūva te dhanuḥ |

śivā śaravyā yā tava tayā no rudra mṛḍaya |

yā te rudra śivā tanūraghorā'pāpakāśinī |

tayā nastanuvā śantamayā giriśaṃtābhicākaśīhi |

yāmiṣuṃ giriśaṃta haste |

bibharṣyastave |

śivāṃ giritra tāṃ kuru mā higṃsīḥ puruṣaṃ jagat |

śivena vacasā tvā giriśācchāvadāmasi |

yathā naḥ sarvamijjagadayakṣmagṃ sumanā asat |

adhyavocadadhivaktā prathamo daivyo bhiṣak |

ahīgśca sarvāñjambhayansarvāśca
yātudhānyaḥ |

asau yastāmro aruṇa uta babhruḥ sumaṅgalaḥ |

ye cemāgṃ rudrā abhito dikṣu |

śritāḥ sahasraśo'vaiṣāgṃ heḍa īmahe |

asauyo'vasarpati nīlagrīvo vilohitaḥ |

utainaṃ gopā adṛśannadṛśannudahāryaḥ |

utainaṃ viśvā bhūtāni sa dṛṣto mṛḍayāti naḥ |

namo astu nīlagrīvāya sahasrākṣāya mīḍhuṣe |

atho ye asya sattvāno'haṃ tebhyo'karannamaḥ |

pramuñca dhanvanastvamubhayorārtni yorjyām |

yāśca te hasta iṣavaḥ |

parā tā bhagavo vapa |

avatatya dhanustvagṃ sahasrākṣa śateṣudhe |

niśīrya śalyānāṃ mukhā śivo naḥ sumanā bhava |

vijyaṃ dhanuḥ kapardino viśalyo bāṇavāgṃ uta |

aneśannasyeṣava ābhurasya niṣaṃgathiḥ |

yā te hetirmīḍhuṣṭama haste babhūva te dhanuḥ |

tayā'smān viśvatastvamayakṣmayā paribbhuja |

namaste astvāyudhāyānātatāya dhṛṣṇave |

ubhābhyāmuta te namo bāhubhyāṃ tava dhanvane |

pari te dhanvano hetirasmānvṛṇaktu viśvataḥ |

atho ya iṣudhistavāre asmannidhehi tam ||1||

namaste astu bhagavanviśveśvarāya mahādevāya

tryambakāya tripurāntakāya trikāgnikālāya

kālāgnirudrāya nīlakaṇṭhāya mṛtyuñjayāya

sarveśvarāya sadāśivāya śrīmanmahādevāya namaḥ |

namo hiraṇyabāhave senānye diśāṃ ca pataye namo

namo vṛkṣebhyo harikeśebhyaḥ paśūnāṃ pataye

namo namaḥ saspiñjarāya tviṣīmate pathīnāṃ

pataye namo namo babhluśāya vivyādhine'nnānāṃ

pataye namo namo harikeśāyopavītine puṣṭānāṃ

pataye namo namo bhavasya hetyai jagatāṃ pataye

namo namo rudrāyātatāvine kṣetrāṇāṃ pataye

namo namaḥ sūtāyāhantyāya vanānāṃ pataye namo

namaḥ |

rohitāya sthapataye vṛkṣāṇāṃ pataye namo namo

mantriṇe vāṇijāya kakṣānāṃ pataye namo namo

bhuvaṃtaye vārivaskṛtāyauṣadhīnāṃ pataye namo

nama uccairghoṣāyākrandayate pattīnāṃ pataye

namo namaḥ kṛtsnavītāya dhāvate sattvanāṃ pataye
namaḥ ||2||
namaḥ sahamānāya nivyādhina āvyādhinīnāṃ
pataye namo namaḥ kakubhāya niṣaṅgiṇe stenānāṃ
pataye namo namo niṣaṅgiṇa iṣudhimate
taskarāṇāṃ pataye namo namo vañcate parivañcate
stāyūnāṃ pataye namo namo nicerave
paricarāyāraṇyānāṃ pataye namo namaḥ sṛkāvibhyo
jighāgṃsadbhyo muṣṇatāṃ pataye namo
namo'simadbhyo naktaṃcaradbhyaḥ prakṛntānāṃ
pataye namo nama uṣṇīṣiṇe giricarāya kuluñcānāṃ
pataye namo namaḥ |
iṣumadbhyo dhanvāvibhyaśca vo namo nama
ātanvānebhyaḥ pratidadhānebhyaśca vo namo nama
āyacchadbhyo visṛjadbhyaśca vo namo
namo'syadbhyo vidhyadbhyaśca vo namo nama
āsīnebhyaḥ śayānebhyaśca vo namo namaḥ
svapadbhyo jāgradbhyaśca vo namo

namastiṣṭhadbhyo dhāvadbhyaśca vo namo namaḥ

sabhābhyassabhāpatibhyaśca vo namo namo

aśvebhyo'śvapatibhyaśca vo namaḥ ||3||

nama āvyādhinībhyo vividhyantībhyaśca vo namo

nama ugaṇābhyastṛgṃhatībhyaśca vo namo namo

gṛtsebhyo gṛtsapatibhyaśca vo namo namo

vrātebhyo vrātapatibhyaśca vo namo namo

gaṇebhyo gaṇapatibhyaśca vo namo namo

virūpebhyo viśvarūpebhyaśca vo namo namo

mahadbhyaḥ – kṣullakebhyaśca vo namo namo

rathibhyo'rathebhyaśca vo namo namo rathebhyaḥ |

rathapatibhyaśca vo namo namaḥ senābhyaḥ

senānibhyaśca vo namo namaḥ – kṣatṛbhyaḥ

saṅgrahītṛbhyaśca vo namo namastakṣabhyo

rathakārebhyaśca vo namo namaḥ kulālebhyaḥ

karmārebhyaśca vo namo namaḥ puñjiṣṭebhyo

niṣādebhyaśca vo namo nama iṣukṛdbhyo

dhanvakṛdbhyaśca vo namo namo mṛgayubhyaḥ

śvanibhyaśca vo namo namaḥ śvabhyaḥ
śvapatibhyaśca vo namaḥ ||4||
namo bhavāya ca rudrāya ca namaḥ śarvāya ca
paśupataye ca namo nīlagrīvāya ca śitikaṇṭhāya ca
namaḥ kapardine ca vyuptakeśāya ca namaḥ
sahasrākṣāya ca śatadhanvane ca namo giriśāya ca
śipiviṣṭāya ca namo mīḍhuṣṭamāya ceṣumate ca
namo hrasvāya ca vāmanāya ca namo bṛhate ca
varṣīyase ca namo vṛddhāya ca saṃvṛdhvane ca |
namo agriyāya ca prathamāya ca nama āśave cā
jirāya ca namaḥ śīghriyāya ca śībhyāya ca nama
ūrmyāya cāvasvanyāya ca namaḥ srotasyāya ca
dvīpyāya ca ||5||
namo jyeṣṭhāya ca kaniṣṭhāya ca namaḥ pūrvajāya
cāparajāya ca namo madhyamāya cā pagalbhāya ca
namo jaghanyāya ca budhniyāya ca namaḥ sobhyāya
ca pratisaryāya ca namo yāmyāya ca kṣemyāya ca
nama urvaryāya ca khalyāya ca namaḥ ślokyāya

cā'vasānyāya ca namo vanyāya ca kakṣyāya ca namaḥ
śravāya ca prati śravāya ca |
nama āśuṣeṇāya cāśurathāya ca namaḥ śūrāya
cāvabhindate ca namo varmiṇe ca varūthine ca
namo bilmine ca kavacine ca namaḥ śrutāya ca
śrutasenāya ca ||6||
namo dundubhyāya cā hananyāya ca namo
dhṛṣṇave ca pramṛśāya ca namo dūtāya ca prahitāya
ca namo niṣaṅgiṇe ceṣudhimate ca namastīkṣṇeṣave
cāyudhine ca namaḥ svāyudhāya ca sudhanvane ca
namaḥ srutyāya ca pathyāya ca namaḥ kātyāya ca
nīpyāya ca namaḥ sūdyāya ca sarasyāya ca namo
nādyāya ca vaiśantāya ca |
namaḥ kūpyāya cāvaṭyāya ca namo varṣyāya
cāvarṣyāya ca namo meghyāya ca vidyutyāya ca nama
īdhriyāya cātapyāya ca namo vātyāya ca reṣmiyāya ca
namo vāstavyāya ca vāstupāya ca ||7||

namaḥ somāya ca rudrāya ca namastāmrāya

cāruṇāya ca namaḥ śaṅgāya ca paśupataye ca nama

ugrāya ca bhīmāya ca namo agrevadhāya ca

dūrevadhāya ca namo hantre ca hanīyase ca namo

vṛkṣebhyo harikeśebhyo namastārāya

namaśśaṃbhave ca mayobhave ca namaḥ śaṅkarāya

ca mayaskarāya ca namaḥ śivāya ca śivatarāya ca |

namastīrthyāya ca kūlyāya ca namaḥ pāryāya

cāvāryāya ca namaḥ prataraṇāya cottaraṇāya ca

nama ātāryāya cālādyāya ca namaḥ śaṣpyāya ca

phenyāya ca namaḥ sikatyāya ca pravāhyāya ca ||8||

nama iriṇyāya ca prapathyāya ca namaḥ kigṃśilāya

ca kṣayaṇāya ca namaḥ kapardine ca pulastaye ca

namo goṣṭhyāya ca gṛhyāya ca namastalpyāya ca

gehyāya ca namaḥ kāṭyāya ca gahvareṣṭhāya ca namo

hradayyāya ca niveṣpyāya ca namaḥ pāgṃsavyāya ca

rajasyāya ca namaḥ śuṣkyāya ca harityāya ca namo

lopyāya colapyāya ca |

nama ūrvyāya ca sūrmyāya ca namaḥ parṇyāya ca
parṇaśadyāya ca namo'paguramāṇāya cābhighnate
ca nama ākhkhidate ca prakhkhidate ca namo vaḥ
kirikebhyo devānāgṃ hṛdayebhyo namo
vikṣīṇakebhyo namo vicinvatkebhyo nama
ānirhatebhyo nama āmīvatkebhyaḥ ||9||
drāpe andhasaspate daridrannīlalohita |
eṣāṃ puruṣāṇāmeṣāṃ paśūnāṃ mā bhermā'ro mo
eṣāṃ kiṃcanāmamat |
yā te rudra śivā tanūḥ śivā viśvāhabheṣajī |
śivā rudrasya bheṣajī tayā no mṛḍa jīvase |
imāgṃ rudrāya tavase kapardine kṣayadvīrāya
prabharāmahe matim |
yathā naḥ śamasaddvipade catuṣpade viśvaṃ puṣṭaṃ
grāme asmin |
anāturam |
mṛḍā no rudrota no mayaskṛdhi kṣayadvīrāya
namasā vidhema te |

yaccham̐ ca yośca manurāyaje pitā tadaśyāma tava

rudra praṇītau |

mā no mahāntamuta mā no arbhakaṃ mā na

ukṣantamuta mā na ukṣitam |

mā no'vadhīḥ pitaraṃ mota mātaraṃ priyā mā

nastanuvaḥ |

rudra rīriṣaḥ|

mā nastoke tanaye mā na āyuṣi mā no goṣu mā no

aśveṣu rīriṣaḥ |

vīrānmā no rudra bhāmito'vadhīrhaviṣmanto

namasā vidhema te |

ārātte goghna uta pūruṣaghne kṣayadvīrāya

sumnamasme te astu |

rakṣā ca no adhi ca deva brūhyadhā ca naḥ śarma

yaccha dvibarhāḥ |

stuhi |

śrutaṃ gartasadaṃ yuvānaṃ mṛganna

bhīmamupahatnumugram |

mṛḍā jaritre rudra stavāno anyante asmannivapantu senāḥ |

pariṇo rudrasya hetirvṛṇaktu pari tveṣasya durmati raghāyoḥ |

ava sthirā maghavadbhyastanuṣva mīḍhvastokāya tanayāya mṛḍaya |

mīḍhuṣṭama śivatama śivo naḥ sumanā bhava |

parame vṛkṣa āyudhannidhāya kṛttiṃ vasāna ācara pinākam |

bibhradāgahi |

vikirida vilohita namaste astu bhagavaḥ |

yāste sahasragṃ hetayonyamasmannivapantu tāḥ |

sahasrāṇi sahasradhā bāhuvostava hetayaḥ |

tāsāmīśāno bhagavaḥ parācīnā mukhā kṛdhi ||10||

sahasrāni sahasraśo ye rudrā adhi bhūmyām |

teṣāgṃ sahasrayojane'vadhanvāni tanmasi |

asminmahatyārṇave'ntarikṣe bhavā adhi |

nīlagrīvāḥ śitikaṇṭhāḥ śarvā adhaḥ – kṣamācarāḥ |

nīlagrīvāśśitikaṇṭhā divagṃ rudrā upaśritāḥ |

ye vṛkṣeṣu saspiñjarā nīlagrīvā vilohitāḥ |

ye bhūtānāmadhipatayo viśikhāsaḥ kapardinaḥ |

ye anneṣu vividhyanti pātreṣu pibato janān |

ye pathāṃ pathirakṣaya ailabṛdāya vyudhaḥ |

ye tīrthāni |

pracaranti sṛkāvanto niṣaṅgiṇaḥ |

ya etāvantaśca bhūyāgṃsaśca diśo rudrā vitasthire |

teṣāgṃ sahasrayojane'vadhanvāni tanmasi |

namo rudrebhyo ye pṛthivyāṃ ye'ntarikṣe ye divi

yeṣāmannaṃ vāto varṣamiṣavastebhyo daśa

prācīrdaśa dakṣiṇā daśa

pratīcīrdaśodīcīrdaśordhvāstebhyo namaste no

mṛḍayantu te yaṃ dviṣmo yaśca no dveṣṭi taṃ vo

jambhe dadhāmi ||11||

tryambakaṃ yajāmahe sugandhiṃ puṣṭivardhanam|

urvārukamiva bandhanānmṛtyormukṣīya mā'mṛtāt |

candranamaskṛta mantraḥ (oṃ oṣadhayaḥ)

A chant from the *taittirīya saṃhitā*, addressed to the moon, praising the Lord of Herbs.

candranamaskṛta mantraḥ (oṃ oṣadhayaḥ)

saṃhitā pāṭhaḥ
oṃ oṣadhayas̱saṃ vadante̱ somena sa̱ha rājñā ||

pada pāṭhaḥ

oṃ |

oṣadhayaḥ |

samiti |

va̱da̱nte̱ |

somena |

sa̱ha |

rājñeti̱–rājñā̎ ||

krama paṭhaḥ

oṃ oṣadhayas̱sam |

saṃ vadante |

va̱da̱nte̱ somena |

somena sa̱ha |

sa̱ha rājñā̎ |

rājñeti̱– rājñā̎ ||

jaṭā pāṭhaḥ

oṃ oṣa̍dhaya̱ssagṃ samoṣa̍dhaya̱ oṣa̍dhaya̱ssam |

saṃ va̍dante vadante̱ sagṃ saṃ va̍dante |

va̱da̱nte̱ some̍na̱ some̍na vadante vadante̱
some̍na |

some̍na sa̱ha sa̱ha some̍na̱ some̍na sa̱ha |

sa̱ha rājñā̱ rājñā̍ sa̱ha sa̱ha rājñā̎ |

rājñeti̱– rājñā̎ ||

ghana pāṭhaḥ

oṃ oṣa̍dhaya̱ssagṃ samoṣa̍dhaya̱ oṣa̍dhaya̱ssam
va̍dante vadante̱ samoṣa̍dhaya̱ oṣa̍dha̱yassam
va̍dante |

saṃ va̍dante vadante̱ sagṃ saṃ va̍dante̱ some̍na̱
some̍na vadante sagṃ saṃ va̍dante̱ some̍na |

va̱da̱nte̱ some̍na̱ some̍na vadante vadante̱
some̍na sa̱ha sa̱ha some̍na vadante vadante̱
some̍na sa̱ha|

somena saha saha somena somena saha rājñā

rājñā saha somena somena saha rājñā |

saha rājñā rājñā saha saha rājñā |

rājñeti– rājñā ||

śiva mantraḥ (oṃ namastārāya)

Another chant from the *taittirīya saṃhitā*.
Homage to the source of health and to the source of delight. Homage to the maker of health and to the maker of delight. Homage to the Auspicious, and to the more Auspicious .

This chant to Lord Shiva also implies completion, an end of activity or in fact death.

śiva mantraḥ (om namastārāya)

saṃhitā pāṭhaḥ

oṃ nama̍stā̱rāya̱ namaśśa̱ṃbhave ca mayo̱bhave̍ ca̱ nama̍ḥ śaṅka̱rāya̍ ca mayaska̱rāya ca̱ nama̍ḥ śi̱vāya̍ ca śi̱vatarāya ca ||

krama pāṭhaḥ

oṃ |

nama̍stā̱rāya̍ |

tā̱rāya̱ nama̍ḥ |

nama̍śśa̱ṃbhave" |

śa̱ṃbhave̍ ca |

śa̱ṃbhava̱ iti śam – bhave" |

ca̱ ma̱yo̱bhave" |

ma̱yo̱bhave̍ ca |

ma̱yo̱bhava̱ itimaya̍ḥ – bhave" |

ca̱ nama̍ḥ |

nama̍śśaṅka̱rāya̍ |

śaṅkarāya ca |

śaṅkarāyetiśaṃ – karāya |

ca mayaskarāya |

mayaskāraya ca |

mayaskarāyeti mayaḥ – karāya |

ca namaḥ |

namaśśivāya |

śivāya ca |

ca śivatarāya |

śivatarāya ca |

śivatarāyeti śivaḥ – tarāya ||

jaṭā pāṭhaḥ

oṃ namastārāya tārāya namo namastārāya |

tārāya namo namastārāya tārāya namaḥ |

namaśśambhave śambhave namo
namaśśambhave|

śambhave ca ca śambhave śambhave ca|

śambhava iti śam – bhave |

ca mayobhave mayobhave caca mayobhave |

mayobhave caca mayobhave mayobhave ca |

mayobhava itimayaḥ – bhave |

ca namo namaśca ca namaḥ |

namaśśaṅkarāya śaṅkarāya namo
namaśśaṅkarāya|

śaṅkarāya caca śaṅkarāya śaṅkarāya ca |

śaṅkarāyetiśaṃ – karāya |

ca mayaskarāya mayaskarāya caca mayaskarāya |

mayaskarāya caca mayaskarāya mayaskarāya ca |

mayaskarāyeti mayaḥ – karāya |

ca namo namaśca ca namaḥ|

namaśśivāya śivāya namo namaśśivāya|

śivāya caca śivāya śivāya ca |

ca śivatarāya śivatarāya caca śivatarāya|

śivatarāya caca śivatarāya śivatarāya ca |

śivatarāyeti śivaḥ – tarāya ||

ghana pāṭhaḥ

oṃ namastārāya tārāya namo namastārāya namo namastārāya namo namastārāya namaḥ |

tārāya namo namastārāya tārāya namaśśambhave śambhave namastārāya tārāya namaśśambhave|

namaśśambhave śambhave namo namaśśambhave caca śambhave namo namaśśambhave ca|

śambhave ca ca śambhave śambhave ca mayobhave mayobhave ca śambhave śambhave ca mayobhave |

śambhava iti śam – bhave |

ca mayobhave mayobhave caca mayobhave caca mayobhave caca mayobhave ca|

mayobhave caca mayobhave mayobhave ca namo namaśca mayobhave mayobhave ca namaḥ|

mayobhava itimayaḥ – bhave |

ca namo namaścaca namaśśaṅkarāya śaṅkarāya

namaścaca namaśśaṅkarāya |

namaśśaṅkarāya śaṅkarāya namo

namaśśaṅkarāya caca śaṅkarāya namo

namaśśaṅkarāya ca|

śaṅkarāya caca śaṅkarāya śaṅkarāya ca

mayaskarāya mayaskarāya ca śaṅkarāya

śaṅkarāya ca mayaskarāya |

śankarāyetiśam – karāya |

ca mayaskarāya mayaskarāya caca mayaskarāya

caca mayaskarāya caca mayaskarāya ca |

mayaskāraya caca mayaskarāya mayaskarāya ca

namo namaśca mayaskarāya mayaskarāya ca

namaḥ |

mayaskarāyeti mayaḥ – karāya |

ca namo namaśca ca namaśśivāya śivāya namaśca

ca namaśśivāya |

namaśśivāya śivāya namo namaśśivāya caca
śivāya namo namaśśivāya ca |

śivāya caca śivāya śivāya ca śivatarāya śivatarāya
ca śivāya śivāya ca śivatarāya |

ca śivatarāya śivatarāya caca śivatarāya caca
śivatarāya caca śivatarāya ca|

śivatarāya caca śivatarāya śivatarāya ca |

śivatarāyeti śivaḥ – tarāya ||

mṛtyuñjaya mahāmantraḥ (oṃ tryambakam)

From the *taittirīya saṃhitā.*
Praise to Shiva who has three eyes, full of strength. Wanting liberation from mortality; give us immortality and long life. We need to cut away the attachments which bind us and stop us progressing towards spirituality.

There is a metaphor of a ripe pumpkin growing on thin weak creepers. The flower becomes a fruit which grows big and becomes a burden to the creeper. It cuts itself away from the creeper. The pumpkin keeps the creeper from growing. Humans should break from attachments which prevent them from progressing further.

Let me become detached from the attachments so that I can liberate myself from mortality and give me immortality.

The mantra is also chanted when someone is dying an untimely death.

mṛtyuñjaya mahāmantraḥ (oṃ tryambakam)

saṃihtā pāṭhaḥ

oṃ tryambakaṃ yajāmahe sugandhiṃ

puṣṭivardhanam |

urvārukamiva bandhanānmṛtyormukṣīya

mā'mṛtāt||

pada pāṭhaḥ

oṃ |

tryambakamiti tri – ambakam |

yajāmahe |

sugandhimiti su – gandhim |

puṣṭivardhanamiti puṣṭi – vardhanam |

urvārukam |

iva |

bandhanāt |

mṛtyoḥ |

mukṣīya |

mā |

amṛtādityamṛtāt ||

krama pāṭaḥ

oṃ tryambakaṃ yajāmahe |

tryambakamiti tri – ambakam |

yajāmahe sugandhiṃ |

sugandhiṃ puṣṭivardhanam |

sugandhimiti su – gandhim |

puṣṭivardhanamiti puṣṭi – vardhanam |

urvārukamiva |

iva bandhanāt |

bandhanānmṛtyoḥ |

mṛtyormukṣīya |

mukṣīya mā |

mā'mṛtāt |

amṛtādityamṛtāt ||

jaṭā pāṭaḥ

oṃ tryambakaṃ yajāmahe yajāmahe tryambakaṃ
tryambakaṃ yajāmahe |

tryambakamiti tri – ambakam |

yajāmahe sugandhigṃ sugandhiṃ yajāmahe
yajāmahe sugandhim |

sugandhiṃ puṣṭivardhanaṃ puṣṭivardhanagṃ
sugandhigṃ sugandhiṃ puṣṭivardhanam |

sugandhimiti su – gandhim |

puṣṭivardhanamiti puṣṭi – vardhanam |

urvārukamivevorvārukamurvārukamiva |

iva bandhanādbandhanādiveva bandhanāt |

bandhanānmṛtyormṛtyorbandhanādbandhanān
mṛtyoḥ |

mṛtyormukṣīya mukṣīya mṛtyormṛtyormukṣīya |

mukṣīya mā mā mukṣīya mukṣīya mā |

mā'mṛtādamṛtānmā mā'mṛtāt |

amṛtādityamṛtāt ||

ghana pāṭaḥ

oṃ tryambakaṃ yajāmahe yajāmahe

tryambakaṃ tryambakaṃ yajāmahe

sugandhigṃ sugandhiṃ yajāmahe

tryambakaṃ tryambakaṃ yajāmahe

sugandhim |

tryambakamiti tri – ambakam |

yajāmahe sugandhigṃ sugandhiṃ yajāmahe

yajāmahe sugandhiṃ puṣṭivardhanaṃ

puṣṭivardhanagṃ sugandhiṃ yajāmahe

yajāmahe sugandhiṃ puṣṭivardhanam |

sugandhiṃ puṣṭivardhanaṃ puṣṭivardhanagṃ

sugandhigṃ sugandhiṃ puṣṭivardhanam |

sugandhimiti su – gandhim |

puṣṭivardhanamiti puṣṭi – vardhanam |

urvārukamivevorvārukamurvārukamiva

bandhanādbandhanādivorvārukamurvārukamiva

bandhanāt |

i̱va̱ bandha̍nā̱dbandha̍nādiveva̱

bandha̍nānmṛ̱tyor mṛ̱tyor bandha̍nādiveva̱

bandha̍nānmṛ̱tyoḥ |

bandha̍nānmṛ̱tyor mṛ̱tyorbandha̍nā̱dbandha̍nān

mṛ̱tyor mu̍kṣīya mukṣīya

mṛ̱tyorbandha̍nā̱dbandha̍nānmṛ̱tyor

mu̍kṣīya|

mṛ̱tyormu̍kṣīya mukṣīya mṛ̱tyormṛ̱tyormu̍kṣīya̱

mā mā mu̍kṣīya mṛ̱tyormṛ̱tyormu̍kṣīya̱ mā |

mu̱kṣī̱ya̱ mā mā mu̍kṣīya mukṣīya̱

mā'mṛtā̍da̱mṛtā̱nmā mu̍kṣīya mukṣīya̱

mā'mṛtā̎t |

mā'mṛtā̍da̱mṛtā̱nmā mā'mṛtā̎t |

a̱mṛtā̱ditya̱mṛtā̎t ||

sarvaguṇa sampanna mantraḥ (oṃ karoti rūpāṇi)

Yet another chant from *taittirīya saṃhitā*.
Praise to the Higher Force, the great architect in the sky who gives form to everything. A chant often used as a blessing.

sarvaguṇa sampanna mantraḥ (oṃ karoti rūpāṇi)

samhitā pāṭaḥ

oṃ karoti rūpāṇi juhoti rūpairevaināgṃ

samardhayati tasyā upotthāya karṇamā japedide

rante'dite sarasvati priye preyasi mahi viśrutyetāni te

aghniye nāmāni sukṛtam mā deveṣu brūtāditi

devebhya evainamā vedayatyanvenaṃ devā

budhyante ||

krama pāṭaḥ

oṃ karoti rūpāṇi |

rūpāṇi juhoti |

juhoti rūpaiḥ |

rūpaireva |

evainām |

enāgṃ sam |

samardhayati |

ardhayati tasyāḥ |

tasyā upotthāya |

upotthāya karṇam |

upotthāyetyupa – utthāya |

karṇamā |

ājapet |

japedide |

iḍe rante |

rantedite |

adite sarasvati |

sarasvati priye |

priye preyasi |

preyasi mahi |

mahi viśruti |

viśrutyetāni |

viśrutīti vi – śruti |

etāni te |

te aghniye |

aghniye nāmāni |

nāmāni sukṛtaṃ |

sukṛtaṃ mā |

sukṛtamiti su – kṛtam |

mā deveṣu |

deveṣu brūtāt |

brūtāditi |

iti devebhyaḥ|

devebhya eva |

evainam |

enamā |

ā vedayati |

vedayatyanu |

anvenam |

enaṃ devāḥ |

devā budhyante |

budhyanta iti – budhyante ||

jaṭā pāṭaḥ

oṃ karoti rūpāṇi rūpāṇi karoti karoti rūpāṇi |

rūpāṇi juhoti juhoti rūpāṇi rūpāṇi juhoti |

juhoti rūpairrūpairjuhoti juhoti rūpaiḥ |

rūpairevaiva rūpairrūpaireva |

evaināmenāmevaivaināṃ |

enāgṃ sagṃ samenāmenāgṃ sam |

samardhayatyardhayati sagṃ samardhayati |

ardhayati tasyāstasyā ardhayatyardhayati tasyāḥ |

tasyā upotthāyopotthāya tasyāstasyā upotthāya |

upotthāya karṇaṃ karṇamupotthāyopotthāya karṇaṃ |

upotthāyetyupa– utthāya |

karṇamā karṇaṃ karṇamā |

ājapejjapedājapet |

japediḍa iḍe japejjapediḍe |

iḍe rante ranta iḍa iḍe rante |

ranteditedite rante rantedite |

adite sarasvati sarasvatyaditedite sarasvati |

sarasvati priye priye sarasvati sarasvati priye |

priye preyasi preyasi priye priye preyasi |

preyasi mahi mahi preyasi preyasi mahi |

mahi viśruti viśruti mahi mahi viśruti |

viśrutyetānyetāni viśruti viśrutyetāni |

viśrutīti vi – śruti |

etāni teta etānyetāni te |

te aghniye aghniye te te aghniye |

aghniye nāmāni nāmānyaghniye aghniye nāmāni |

nāmāni sukṛtagṃ sukṛtaṃ nāmāni nāmāni sukṛtam|

sukṛtaṃ mā mā sukṛtagṃ sukṛtaṃ mā |

sukṛtamiti su – kṛtam |

mā deveṣu deveṣu mā mā deveṣu |

deveṣu brūtāt brūtāt deveṣu deveṣu brūtāt |

brūtāditīti brūtāt brūtāditi |

iti devebhyo devebhya itīti devebhyaḥ |

devebhya evaiva devebhyo devebhya eva |

evainamenamevaivainam |

enamainamenamā |

āvedayati vedayatyā vedayati |

vedayatyanvanu vedayati vedayatyanu |

anvenamena manvanvenam |

enaṃ devā devā enamenaṃ devāḥ |

devā budhyante budhyante devā devā
budhyante |

budhyanta iti – budhyante ||

ghana pāṭaḥ

oṃ karoti rūpāṇi rūpāṇi karoti karoti rūpāṇi
juhoti juhoti rūpāṇi karoti karoti rūpāṇi
juhoti |

rūpāṇi juhoti juhoti rūpāṇi rūpāṇi juhoti
rūpairrūpair juhoti rūpāṇi rūpāṇi juhoti

rūpaiḥ|

juhoti rūpairrūpairjuhoti juhoti rūpai revaiva

rūpairjuhoti juhoti rūpaireva |

rūpairevaiva rūpairrūpairevaināmenāmeva

rūpairrūpairevainām |

evaināmenāmevaivaināgṃ sagṃ samenāmevaivai

nāgṃ sam |

enāgṃ sagṃ samenāmenāgṃ

samardhayatyardhyati samenāmenāgṃ

samardhayati |

samardhayatyardhayati sagṃ samardhayati

tasyāstasyā ardhayati sagṃ samardhyati tasyāḥ |

ardhayati tasyāstasyā ardhayatyardhayati tasyā

upotthāyopotthāya tasyā ardhayatyardhayati

tasyā upotthāya |

tasyā upotthāyopotthāya tasyāstasyā upotthāya

karṇaṃ karṇamupotthāya tasyāstasyā

upotthāya karṇam |

upotthāya karṇaṃ karṇamupotthāyopotthāya

karṇamā karṇamupotthāyopotthāya

karṇamā|

upotthāyetyupa– utthāya |

karṇamā karṇaṃ karṇamā japejjapedā karṇaṃ

karṇamājapet|

ājapejjapedājapediḍa iḍe japedājapediḍe |

japediḍa iḍe japejjapediḍe rante ranta iḍe

japejjapediḍe rante |

iḍe rante ranta iḍa iḍe rante dite dite ranta iḍa

iḍe rantedite |

ranteditedite rante rantedite sarasvati

sarasvatyadite rante rantedite sarasvati |

adite sarasvati sarasvatyaditedite sarasvati priye

priye sarasvatyaditedite sarasvati priye |

sarasvati priye priye sarasvati sarasvati priye

preyasi preyasi priye sarasvati sarasvati priye

preyasi |

priye preyasi preyasi priye priye preyasi mahi

mahi preyasi priye priye preyasi mahi |

preyasi mahi mahi preyasi preyasi mahi viśruti

viśruti mahi preyasi preyasi mahi viśruti|

mahi viśruti viśruti mahi mahi viśrutyetānyetāni

viśruti mahi mahi viśrutyetāni |

viśrutyetānyetāni viśruti viśrutyetāni teta etāni

viśruti viśrutyetāni te |

viśrutīti vi – śruti |

etāni teta etānyetāni te aghniye aghniye ta

etānyetānite aghniye |

te aghniye aghniye te te aghniye nāmāni

nāmānyaghniye te te aghniye nāmāni |

aghniye nāmāni nāmānyaghniye aghniye

nāmāni sukṛtagṃ sukṛtaṃ nāmānyaghniye

aghniye nāmāni sukṛtam |

nāmāni sukṛtagṃ sukṛtaṃ nāmāni nāmāni

sukṛtaṃ mā mā sukṛtaṃ nāmāni nāmāni

sukṛtaṃ mā |

sukṛtaṃ mā mā sukṛtagṃ sukṛtaṃ mā deveṣu
deveṣu mā sukṛtagṃ sukṛtaṃ mā deveṣu |

sukṛtamiti su – kṛtam |

mā deveṣu deveṣu mā mā deveṣu brūtāt brūtāt
deveṣu mā mā deveṣu brūtāt |

deveṣu brūtāt brūtāt deveṣu deveṣu brūtāditīti
brūtāt deveṣu deveṣu brūtāditi |

brūtāditīti brūtāt brūtāditi devebhyo devebhya
iti brūtāt brūtāditi devebhyaḥ |

iti devebhyo devebhya itīti devebhya evaiva
devebhya itīti devebhya eva |

devebhya evaiva devebhyo devebhya
evainamenameva devebhyo devebhya
evainam|

evainamenamevaivainamainamevaivainamā |

enamainamenamā vedayati
vedayatyainamenamā vedayati |

āvedayati vedayatyā vedayatyanvanu vedayatyā

vedayatyanu |

vedayatyanvanu vedayati vedayatyanvenamena

manu vedayati vedayatyanvenam |

anvenamena manvanvenaṃ devā devā

enamanvanvenaṃ devāḥ |

enaṃ devā devā enamenaṃ devā budhyante

budhyante devā enamenaṃ devā budhyante |

devā budhyante budhyante devā devā

budhyante |

budhyanta iti – budhyante ||

pavamānasūktam (oṃ pavamānassurvarjanaḥ)

From the *taittirīya brahmaṇa.*

God of wind, carry away all blemishes with you, let all hindrances disappear, within and without, in everyone, everywhere.

pavamāna sūktam (om pavamānassuravarjanaḥ)

oṃ pavamānassuvarjanaḥ |

pavitreṇa vicarṣaṇiḥ |

yaḥ potā sa punātu mā |

punantu mā devajanāḥ |

punantu manavo dhiyā |

punantu viśva āyavaḥ |

jātavedaḥ pavitravat |

pavitreṇa punāhi mā |

śukreṇa devadīdyat |

agne kratvā kratūgmranu |

yatte pavitramarciṣi |

agne vitatamantarā |

brahma tena punīmahe |

ubhābhyāṃ deva savitaḥ |

pavitreṇa savena ca |

idaṃ brahma punīmahe |

vaiśvadevī punatī devyāgāt |

yasyai bahvīstanuvo vītapṛṣṭhāḥ |

tayā madantassadhamādyeṣu |

vayaggsyāma patayo rayīṇām |

vaiśvānaro raśmibhirmā punātu |

vātaḥ prāṇeneṣiro mayobhūḥ |

dyāvāpṛthivī payasā payobhiḥ |

ṛtāvarī yajñiye mā punītām |

bṛhadbhiḥ savitastṛbhiḥ |

varṣiṣṭhairdevamanmabhiḥ |

agne dakṣaiḥ punāhi mā |

yena devā apunata |

yenāpo divyaṃkaśaḥ |

tena divyena brahmaṇā |

idaṃ brahma punīmahe |

yaḥ pāvamānīraddhyeti |

ṛṣibhissaṃbhṛtagṃ rasaṃ |

sarvagṃ sa pūtamaśnāti |

svaditaṃ mātariśvanā |

pāvamānīryo adhyeti |

ṛṣibhissaṃbhṛtagṃ rasam |

tasmai sarasvatī duhe |

kṣīragṃ sarpirmadhūdakam |

pāvamānīssvastyayanīḥ |

sudughāhi payasvatīḥ |

ṛṣibhissaṃbhṛto rasaḥ |

brāhmaṇeṣvamṛtagṃ hitam |

pāvamānīrdiśantu naḥ |

imaṃ lokamatho amum |

kāmānthsamardhayantu naḥ |

devīr devaiḥ samābhṛtāḥ |

pāvamānīssvastyayanīḥ |

sudughāhi ghṛtaścutaḥ |

ṛṣibhiḥ saṃbhṛto rasaḥ |

brāhmaṇeṣvamṛtagṃ hitam |

yena devāḥ pavitreṇa |

ātmānaṃ punate sadā |

tena sahasradhāreṇa |

pāvamānyaḥ punantu mā |

prājāpatyaṃ pavitram |

śatodyāmagṃ hiraṇmayam |

tena brahmavido vayam |

pūtaṃ brahma punīmahe |

indrassunītī sahamā punātu |

somassvastyā varuṇassamīcyā |

yamo rājā pramṛṇābhiḥ punātu mā |

jātavedāmorjayantyā punātu |

oṃ bhūrbhuvassuvaḥ ||

śraddhā sūktam (oṃ śraddhayā)

From the *taittirīya brahmaṇa.*
śraddhā means faith. sūktam means "something good to say" so, something good to say about faith.
The śraddhā sūktam comprises six mantras which are a prayer to the Goddess śraddhā asking for faith in the performance of the various aspects of yāga (religious offerings).
May we have śraddhā when preparing the sacred fire into which the offerings will be made.
May we have śraddhā in the preparation of the various materials that will be offered into the sacred fire.
May we have śraddhā when invoking the Gods when preparing the yāga.
All that is good in this world happens because of śraddhā.
May we have śraddhā when giving and even before the intention to give is developed.
May we have śraddhā when offering food and in all aspects of the yāga.
May we have the same śraddhā that the devas (Gods) had when they faced the asuras (demons) in battle and defeated them.
The devas themselves pray for śraddhā when beginning an undertaking.
May we have śraddhā towards these devas (Gods) who are witness to the yāga.
May this śraddhā be well established in us, for only then will the oblations be received.
We pray to you O śraddhā in the morning, at midday and as the sun sets, to give us śraddhā in all our actions.
O śraddhā, whom even the devas (Gods) need,
O śraddhā on whom the whole world depends,
O śraddhā, you are the other of all good intentions,
To you. Goddess śraddhā, we perform the yāga.

śraddhā sūktam (oṃ śraddhayā)

oṃ śraddhayā'gnissamidhyate |

śraddhayā vindate haviḥ |

śraddhām bhagasya mūrdhani |

vacasāvedayāmasi |

priyaggśraddhe dadataḥ |

priyaggśraddhe didāsataḥ |

priyaṃ bhojeṣu yajvasu |

idaṃ ma uditaṃ kṛdhi |

yathā devā asureṣu |

śraddhāmugreṣu cakrire |

evaṃ bhojeṣu yajvasu |

asmākamuditaṃ kṛdhi |

śraddhāṃ devā yajamānāḥ |

vāyurgopā upāsate |

śraddhāgṃ hṛdayyayākūtyā |

śraddhayā hūyate haviḥ |

śraddhāṃ prātarhavāmahe |

śraddhāṃ madhyaṃdinaṃ pari |

śraddhāgṃ sūryasya nimṛci |

śraddhe śraddhāpayehamā |

śraddhā devānadhivaste |

śraddhā viśvamidaṃ jagat |

śraddhāṃ kāmasya mātaram |

haviṣā vardhayāmasi ||

sūryanamaskāra mantraḥ (oṃ hrām)

This mantra is from the *taittirīya brahmaṇa* and tells of the sun rising, moving towards the north, asking for the power of the sun to remove illnesses and to remove obstacles. The sounds of hrām hrīm hrūm hraim hraum hraḥ are known as the bījākṣara (fundamental utterances) and represent the power of the sun.

sūryanamaskāra mantraḥ (oṃ hrām)

oṃ hrām udyannadya mitramahaḥ |

oṃ hrīm ārohannuttarāṃdivam |

oṃ hrūm hṛdrogaṃ mama sūrya |

oṃ hraim harimāṇañca nāśaya |

oṃ hraum śukeṣu me harimāṇam |

oṃ hraḥ ropaṇākāsu dadhmasi |

oṃ hrām atho hāridraveṣu me |

oṃ hrīm harimāṇannidadhmasi |

oṃ hrūm udagādayamādityaḥ |

oṃ hraim viśvena sahasā saha |

oṃ hraum dviṣantaṃ mama randhayan |

oṃ hraḥ mo ahaṃ dviṣato'radham ||

laghunyāsaḥ (agnir me)

A mantra from the *taittirīya brahmaṇa* asking for health and long life to link body, senses, mind, energy and awareness.

May fire (agni) nourish speech, speech nourish heart,
Heart nourish me, me nourish that which is eternal in me
The eternal in me nourish the eternal everywhere.

May air (vayur) nourish vital breath (prāna)
Vital breath nourish heart
Heart nourish me ...

May sun (sūrya) nourish sight (cakṣur)
Sight nourish heart
Heart nourish me ...
May moon (candra) nourish mind (manas)
Mind nourish heart
Heart nourish me ...

May space (diśo) nourish hearing (śrotra)
Hearing nourish heart
Heart nourish me ...

May water (āpo) nourish creation (reto)
Creation nourish heart
Heart nourish me ...

May earth (pṛthivī) nourish body (śarīra)

Body nourish heart
Heart nourish me...

May herbs (oṣadhi) nourish strength (lomani)
Strength nourish heart
Heart nourish me ...

May lightning (parjanyo) nourish cranium (mūrdha)
Cranium nourish heart
Heart nourish me ...

May destroyer (īśāno) nourish anger (manyur)
Anger nourish heart
May heart nourish me ...

May soul (ātmā) nourish soul
Soul nourish heart
Heart nourish me ...

Finally, the ātman which is omnipresent is invoked as the source of everything. We beseech the ātman to bestow long life, to let the prāṇa stay within, to let the mind be controlled, to let the fire and the light grow, to let the digestion be well.
That the protector of man (wisdom) may be well established within us.

laghunyāsaḥ (agnir me)

agnirme vāci śritaḥ |

vāgghṛdaye |

hṛdayaṃ mayi |

ahamamṛte |

amṛtaṃ brahmaṇi ||

vāyurme prāṇe śritaḥ |

prāṇo hṛdaye |

hṛdayaṃ mayi |

ahamamṛte |

amṛtaṃ brahmaṇi ||

sūryome cakṣuṣi śritaḥ |

cakṣurhṛdaye |

hṛdayaṃ mayi |

ahamamṛte |

amṛtaṃ brahmaṇi ||

candramā me manasi śritaḥ |

mano hṛdaye |

hṛdayaṃ mayi |

ahamamṛte |

amṛtaṃ brahmaṇi ||

diśo me śrotre śritāḥ |

śrotragṃ hṛdaye |

hṛdayaṃ mayi |

ahamamṛte |

amṛtaṃ brahmaṇi ||

āpo me retasi śritāḥ |

reto hṛdaye |

hṛdayaṃ mayi |

ahamamṛte |

amṛtaṃ brahmaṇi ||

pṛthivī me śarīre śritā |

śarīragṃ hṛdaye |

hṛdayaṃ mayi |

ahamamṛte |

amṛtaṃ brahmaṇi ||

oṣadhivanaspatayo me lomasu śritāḥ |

lomāni hṛdaye |

hṛdayaṃ mayi |

ahamamṛte |

amṛtaṃ brahmaṇi ||

indro me bale śritaḥ |

balagṃ hṛdaye |

hṛdayaṃ mayi |

ahamamṛte |

amṛtaṃ brahmaṇi ||

parjanyo me mūrdhni śritaḥ |

mūrdhā hṛdaye |

hṛdayaṃ mayi |

ahamamṛte |

amṛtaṃ brahmaṇi ||

īśāno me manyau śritaḥ |

manyur hṛdaye |

hṛdayaṃ mayi |

ahamamṛte |

amṛtaṃ brahmaṇi ||

ātmā ma ātmani śritaḥ |

ātmā hṛdaye |

hṛdayaṃ mayi |

ahamamṛte |

amṛtaṃ brahmaṇi ||

punarma ātmā punarāyurāgāt |

punaḥ prāṇaḥ punarākūtamāgāt |

vaiśvānaro raśmirbhirvā vṛdhānaḥ |

antastiṣṭhatvamṛtasya gopāḥ ||

mantrapuṣpam (oṃ yopāṃ puṣpaṃ veda)

From the *taittirīya āranyaka,* this text talks about the power of the sun. It is an invocation to flowers and nature and is asking that we see things in accordance with the way in which we understand them. If water is understood as the giver of flowers, we will receive flowers (puṣpam).

mantrapuṣpam (oṃ yopāṃ puṣpaṃ)

oṃ yo'pāṃ puṣpaṃ veda |

puṣpavān prajāvān paśumān bhavati |

candramā vā apāṃ puṣpam |

puṣpavān prajāvān paśumān bhavati |

ya evaṃ veda |

yo'pāmāyatanaṃ veda |

āyatanavān bhavati |

agnirvā apāmāyatanam |

āyatanavān bhavati |

yo'gnerāyatanaṃ veda |

āyatanavān bhavati |

āpo vā agnerāyatanam |

āyatanavān bhavati |

ya evaṃ veda |

yo'pāmāyatanaṃ veda |

āyatanavān bhavati |

vāyurvā apāmāyatanam |

āyatanavān bhavati |

yo vāyorāyatanaṃ veda |

āyatanavān bhavati |

āpo vai vāyorāyatanam |

āyatanavān bhavati |

ya evaṃ veda |

yo'pāmāyatanaṃ veda |

āyatanavān bhavati |

asau vai tapannapāmāyatanam |

āyatanavān bhavati |

yo'muṣya tapata āyatanaṃ veda |

āyatanavān bhavati |

āpo vā amuṣya tapata āyatanam ||

āyatanavān bhavati |

ya evaṃ veda |

yo'pāmāyatanaṃ veda |

āyatanavān bhavati |

candramā vā apāmāyatanam |

āyatanavān bhavati |

yaścandramasa āyatanaṃ veda |

āyatanavān bhavati |

āpo vai candramasa āyatanam |

āyatanavān bhavati ||

ya evaṃ veda |

yo'pāmāyatanaṃ veda |

āyatanavān bhavati |

nakṣatrāṇi vā apāmāyatanam |

āyatanavān bhavati |

yo nakṣatrāṇāmāyatanaṃ veda |

āyatanavān bhavati |

āpo vai nakṣatrāṇāmāyatanam |

āyatanavān bhavati |

ya evaṃ veda ||

yo'pāmāyatanaṃ veda |

āyatanavān bhavati |

parjanyo vā apāmāyatanam |

āyatanavān bhavati |

yaḥ parjanyasyāyatanaṃ veda |

āyatanavān bhavati |

āpo vai parjanyasyā''yatanam |

āyatanavān bhavati |

ya evaṃ veda |

yo'pāmāyatanaṃ veda ||

āyatanavān bhavati |

saṃvatsaro vā apāmāyatanam |

āyatanavān bhavati |

yassaṃvatsarasyāyatanaṃ veda |

āyatanavān bhavati |

āpo vai saṃvatsarasyāyatanam |

āyatanavān bhavati |

ya evaṃ veda |

yo'psu nāvaṃ pratiṣṭhitāṃ veda |

pratyeva tiṣṭhati ||

āyurmantraḥ (oṃ āyur dhehi)

Another chant from the *taittirīya āranyaka* about nourishment.

May my life be nourished.
May the upward energy be nourished.
May the downward moving energy be nourished.
May the circulating energy be nourished.
May my sight be nourished.
May my hearing be nourished.
May my mind be nourished.
May my speech be nourished.
May my soul be nourished.
May I rest in that nourishment.
May I be nourished.
May that nourishment bring pleasure to others.

āyurmantraḥ (oṃ āyur dhehi)

oṃ āyur dhehi |

oṃ prāṇaṃ dhehi |

oṃ apānaṃ dhehi |

oṃ vyānaṃ dhehi |

oṃ cakṣur dhehi |

oṃ śrotraṃ dhehi |

oṃ mano dhehi |

oṃ vācaṃ dhehi |

oṃ ātmānaṃ dhehi |

oṃ pratiṣṭhāṃ dhehi |

oṃ māṃ dhehi |

oṃ mayi dhehi ||

asato mā sadgamaya

From the *bṛhadāraṇyaka upaniṣat.*

Lead me from what is unreal to what is real
Lead me from darkness to light
Lead me from what dies to what is eternal.

asato mā sadgamaya

oṃ a̱sato mā sa̱dgama̍ya |

oṃ ta̱maso mā jyo̱tirgama̍ya |

oṃ mṛ̱tyormā’mṛ̱taṃ gama̍ya ||

durgāsūktam (oṃ jātavedase)

A chant from the *mahānārāyaṇa upaniṣat*

.

Durga, goddess who has no conqueror, whose shine is the deepest glow of fire. Like a boat you lead me out of the ocean of miseries.

durgāsūktam (oṃ jātavedase)

oṃ ||

jātavedase sunavāma somamarātīyato nidahāti
vedaḥ |

sa naḥ parṣadati durgāṇi viśvā nāveva sindhuṃ
duritā'tyagniḥ ||

tāmagnivarṇāṃ tapasā jvalantīṃ vairocanīṃ
karmaphaleṣu juṣṭām |

durgāṃ devīgṃ śaraṇamahaṃ prapadye
sutarasitarase namaḥ ||

agne tvaṃ pārayā navyo asmānthsvastibhirati
durgāṇi viśvā |

pūśca pṛthvī bahulā na urvī bhavā tokāya tanayāya
śaṃyoḥ ||

viśvāni no durgahā jātavedaḥ sindhunna nāvā
duritā'tiparṣi |

agne atrivanmanasā gṛṇāno'smākaṃ bhūtvavitā
tanūnām ||

pṛtanājitagṃ sahamānamagnimugragṃ huvema
paramāthsadhasthāt |
sa naḥ parṣadati durgāṇi viśvā kṣāmaddevo ati
duritā'tyagniḥ ||
pratnoṣi kamīḍyo adhvareṣu sanācca hotā navyaśca
satsi |
svāñca'gne tanuvaṃ pipriyasvāsmabhyaṃ ca
saubhagamā yajasva ||

oṃ ||
kātyāyanāya vidmahe |
kanyakumāri dhīmahi |
tanno durgiḥ pracodayāt ||

āyātu varadā

Another chant from the *mahānārāyaṇa upaniṣat.*

Divine Goddess,
Giver of the precious
As vast as Brahman, do enter my heart.
Mother of all compositions, receive our prayer.
You are the highest glow,
The patience
The strength.
You are the revelation,
The light of the Gods.
You are the created world,
The life of the created world.
You are indeed everything.
I now receive you into my heart.
Remove all our difficulties.

āyātu varadā

oṃ āyātu varadā devī |

akṣaraṃ brahmasammitam ||

gāyatrīṃ chandasāṃ mātā |

idaṃ brahma juṣasvanaḥ |

oṃ ojosi |

oṃ sahosi |

oṃ balamasi |

oṃ bhrājosi |

oṃ devānāṃ dhāma nāmāsi |

oṃ viśvamasi

oṃ viśvāyuḥ |

oṃ sarvamasi |

oṃ sarvāyuḥ |

abhibhūr oṃ gāyatrīm āvāhayāmi ||

atharvaśiropaniṣat (atha puruṣo)

A chant expounding the greatness of *nārāyaṇa*. Special emphasis is placed on the *mūla mantra*, sacred to the followers of *nārāyaṇa*. Reference is also made to where *nārāyaṇa* lives – in everybody and everything – and to how we merge with an all-pervasive force when we die.

atharvaśīropaniṣat (atha puruṣo)

oṃ saha nāvavatu |

saha nau bhunaktu

saha vīryaṃ karavāvahai |

tejasvi nāvadhītamastu mā vidviṣāvahai ||

oṃ śāntiśśāntiśśāntiḥ ||

atha puruṣo ha vai nārāyaṇo'kāmayata

prajāssṛjeyeti |

nārāyaṇātprāṇo jāyate |

manassarvendriyāṇi ca |

khaṃ vāyurjyotirāpaḥ pṛthivī viśvasya dhāriṇī |

nārāyaṇādbrahmā jāyate |

nārāyaṇādrudro jāyate |

nārāyaṇādindro jāyate |

nārāyaṇātprajāpatayaḥ prajāyante |

nārāyaṇāddvādaśādityā rudrā vasavassarvāṇica

chandāgmsi |

nārāyaṇādeva samutpadyante |

nārāyaṇe pravartante |

nārāyaṇe pralīyante ||

oṃ atha nityo nārāyaṇaḥ |

brahmā nārāyaṇaḥ |

śivaśca nārāyaṇaḥ |

śakraśca nārāyaṇaḥ |

dyāvāpṛthivyau ca nārāyaṇaḥ |

kālaśca nārāyaṇaḥ |

diśaśca nārāyaṇaḥ |

vidiśaśca nārāyaṇaḥ |

ūrdhvaśca nārāyaṇaḥ |

adhaśca nārāyaṇaḥ |

antarbahiśca nārāyaṇaḥ |

nārāyaṇa evedagṃ sarvam |

yadbhūtaṃ yacca bhavyam |

niṣkalo nirañjano nirvikalpo

nirākhyātaḥ śuddhodeva eko nārāyaṇaḥ |

na dvitīyo'sti kaścit |

ya evaṃ veda |

sa viṣṇureva bhavati sa viṣṇureva bhavati ||

omityagre vyāharet |

nama iti paścāt |

nārāyaṇāyetyupariṣṭāt |

omityekākṣaram |

nama iti dve akṣare |

nārāyaṇāyeti pañcākṣarāṇi |

etadvai nārāyaṇasyāṣṭākṣaraṃ padam |

yo ha vai nārāyaṇasyāṣṭākṣaraṃ padamadhyeti |

anapabruvassarvamāyureti |

vindate prājāpatyagṃ rāyaspoṣaṃ gaupatyam |

tato'mṛtatvamaśnute tato'mṛtatvamaśnuta iti |

ya evaṃ veda ||

oṃ pratyagānandaṃ brahmapuruṣaṃ

praṇavasvarūpam |

akāra ukāra makāra iti |

tānekadhāsamabharattadetado3miti |

yamuktvā mucyate yogī

janmasaṃsārabandhanāt |

oṃ namo nārāyaṇāyeti mantropāsakaḥ |

vaikuṇṭhabhuvanalokaṃ gamiṣyati |

tadidaṃ paraṃ puṇḍarīkaṃ vijñānaghanam |

tasmāttadidāvanmātram |

brahmaṇyo devakīputro brahmaṇyo

madhusūdano3m |

oṃ sarvabhūtasthamekaṃ nārāyaṇam |

kāraṇarūpamakāra parabrahmo3m |

etadatharva śiro yodhīte |

prātaradhīyāno rātrikṛtaṃ pāpaṃ nāśayati |

sāyamadhīyāno divasakṛtaṃ pāpaṃ nāśayati |

mādhyandinamādityābhimukho'dhīyānaḥ

pañcapātaka upapātakātpramucyate |

sarvavedapārāyaṇapuṇyaṃ labhate |

nārāyaṇasāyujyamavāpnoti śrīmannārāyaṇa

sāyujyamavāpnoti |

ya evaṃ veda |

ityupaniṣat ||

vanamālī

A chant from *śrī viṣṇu sahasranāma strotram.*
A chant to Lord Vishnu, who has four arms wielding the conch, discus, mace and lotus. Hence He is known by the names Ṣaṇabrit, Chakrā, Cakradhar and Gadadhar. He also wields a bow (śarṇga) and a sword (nandaka), thus being known as Śarṇgi, Sharṇgapani and Nandaki. He is Narayan (one who sleeps on water) and wears a garland of wild flowers (Vanamāla). He resides in us all.

vanamālī

vanamālī gadī śārṅgī śaṅkhī cakrī ca nandakī |

śrīmān nārāyaṇo viṣṇuḥ vāsudevo'bhirakṣatu ||

Closing Prayers

Everything that has been done has been done for God and not for oneself.

Closing Prayers

yadakṣarapadabhraṣṭaṃ
mātrāhīnantu yadbhavet |
tatsarvaṃ kṣamyatāṃ devā
nārāyaṇa namo'stu te ||

śrīmate nārāyaṇāya namo namaḥ ||

kāyena vācā manasendriyairvā
budhyātmanā vā prakṛtessvabhāvāt |
karomi yadyatsakalaṃ parasmai
nārāyaṇāyeti samarpayāmi ||

sarvaṃ śrī kṛṣṇārpaṇamastu ||

INDEX

A

Adhyayanam (art of listening), 26
agnir me, 61, 185-90
alpa prāṇa (small energy), 51-52
alphabet (Sanskrit), 38
anudātta, 45, 53, 69
anusvāra, 37, 42-44, 69
apostrophe, 51
āranyaka texts, 21
ardha mātrā, 49, 50
Aryans, 19-20
āsana, 28, 69
asato mā, 61, 200-201
āśīrvāda mantraḥ (śatamānam), 96-97
aspirated consonants, 38-39
atha puruṣo (atharvaśiropaniṣat), 208-213
atharvaśiropaniṣat. *see* **atha puruṣo**
Atharva Veda, 21
āyātu varadā, 61, 206-207
āyurmantraḥ (āyurdhehi), 61, 198-199

B

balam (stress), 51-52, 69
brahmān tvam, (rājasūya mantraḥ), 82-94
brāhmaṇa texts, 21
bṛhadāraṇyaka upaniṣat, *see* **asato mā**
bṛmhana pace, 62

C

camakapraśnaḥ, 120-127
"Candle in the Wind", 11
candranamaskṛtya mantraḥ (oṣadhayaḥ), 142-145
closing prayers, 216-217 *see also* **kayena ; yadakṣara**
compound semi-vowels, 37
compound vowels, 36
Crosthwaite, Howard, 223

D

dental sounds, 35
devanāgarī, 24, 69
Devi, Indra, 26
Dharma Śāstra, 26
dīrgham, 49, 69
durgāsūktam, 202-204

E

Elgar, Edward, 10-11

F

finger-counting, 59-60

G

gaṇānam (gaṇapati prārthanā), 98-104
gaṇapati prārthanā. *see* **gaṇānam**
gāyatrī mantraḥ (tatsavitūr vareṇyam), 106-110
gāyatrī metre, 61
ghanam, 57, 59-60, 62, 65
glossary, 69-70
Gregorian chant, 12
gurubhyastad, 76
guttural sounds, 33

H

Hoffman, Janalea, 11
Houston, Vyaas, 22
hrasvam, 49, 69
hṛdaya, 20, 69

I

Imbruglia, Natalie, 13
Indus Valley civilisation, 19

J

Jag Mandir, 16

japa, 53, 64, 69
jaṭā, 57, 59, 60, 65
John, Elton, 11

K

karoti rūpāṇi (sarvaguṇa sampanna mantraḥ), 160-171
kāyena, 217
Kodo drums, 13
krama, 57, 58
Krishnamacharya, Śri T., 26, 74

L

labial sounds, 35-36, 38
laghunyāsaḥ (agnir me), 185-190
"Land of Hope and Glory", 10-11
laṅghana pace, 62

M

mahā prāṇa (large energy), 52
mahānārāyaṇa upaniṣat, *see* **durgā sūktam, āyātu varadā**
Māheśvara Sūtras, 22
mantrapuṣpam, 192-196
mantra, meaning of, 15-16
mātrā (quantity), 46, 49-51, 55, 69
"Mind Body Tempo", 11
mṛtyuñjaya mahā mantraḥ (tryambakam), 154-159
Murray, Muz, 23-24

N

nāda, 20, 69
namastārāya (śiva mantraḥ), 146-152
nighāda, 46-47, 69
"Nimrod" (Enigma Variations), 11

O

OṂ, 16, 17, 20
oṃ brahmān (rājasūya mantraḥ), **82-94**
oṃ hrām udyannadya (sūryanamaskāra mantraḥ), 182-183

opening prayers, 74 *see also* **gurubhyastad; śrī kṛiṣṇa; śuklām; yasyadvira**
oṣadhayaḥ (candranamaskṛtya mantraḥ), 61, 142-145

P

pace
  bṛmhaṇa, 62
  langhana, 62
pada, 57, 58
palatal sounds, 34
pavamānasūktam, 172-176
pitch (svara), 45-47, 53, 67
plutam, 49, 50, 70
pop concert, 13
praṇava, 70. *see also* OṂ
prāṇāyāma, 28, 70
praṇo devī, 61, 78-81
prārthanā ślokam (opening prayers), 74-76

R

rājasūya mantraḥ (om brahmān), 82-94
retroflex sounds, 34-35
Ṛg Veda, 21
rudram (śrīrudra praśnaḥ), 128-140

S

Śabda Kaustubha, 21-22
sāma (articulation), 52-53, 70
Sāma Veda, 21
saṃhitā, 21
saṃhitā texts, 57-58
saṃskāra, 11, 14, 70
samyuktākṣara, 43, 47, 70
Sanskrit
  alphabet, 38
  language, 16-17, 19
  origins, 19-20, 21-22
  script (devanāgarī), 24

sound, 22-24
santāna (punctuation), 54-55, 70
sarasvatī prārthanā (praṇo devī), 78-81
sarvaguṇa sampranna mantraḥ (karoti rūpāṇi), 160-171
śatamānam (āśīrvada mantraḥ), 96-97
Śiva Sūtras, 22
śiva mantraḥ (namastārāya), 146-152
sound, power of, 9-17
śraddhā sūktam, 178-180
śrī kṛṣṇa, 76
Śrimad Bhāgavatam, 20
śrīrudra praśnaḥ (rudram), 128-140
śruti box, 53
śuklām, 75
sūryanamaskāra mantraḥ (om hrām udyannadya), 182-183
svara (pitch), 45-47, 62, 70
svarita, 45-46, 53, 70

T

taittirīya āraṇyaka. *see* **āyurdhehi; mantrapuṣpam;**
taittirīya brahmana. *see* **agnir me; pavamānasūktam; śraddhā sūktam; sūryanamaskāra mantraḥ**
taittirīya saṃhitā. *see* **camakapraśnaḥ; gaṇapati prārthanā; gāyatrī mantraḥ; karoti rūpāṇi; śiva mantraḥ; oṣadhayaḥ; praṇo devī; rājasūya mantraḥ; śrīrudrapraśnaḥ; śatamānam; mṛtyuñjaya mahā mantraḥ**
taittirīya upaniṣat *see* **āyātu varadā; durgāsūktam**
tatsavitūr vareṇyam (gāyatrī mantraḥ), 106-110
tryambakam (mṛtyuñjaya mahā mantra), 154-159

U

udātta, 45, 53, 70
ujjāyī, 29, 70
upaniṣat texts, 21. *see also* **artharvaśiropaniṣat; bṛhadāraṇyaka upaniṣat; mahānārāyaṇa upaniṣat; taittirīya upaniṣat**

V

vanamālī, 214-215
varna (pronunciation), 31-44, 62, 70
Veda, 19-24
Vedic chanting, 25-29, 67
- making a start, 63-65
- preparation for, 28-29
- rules
  - balam (stress), 51-52
  - mātrā (quantity), 46, 49

Lightning Source UK Ltd.
Milton Keynes UK
UKHW011158080321
379984UK00002B/278

9 781425 112684